EINSICHTEN
gewinnen

Lehrerhandbuch

Herausgegeben von Eckehardt Knöpfel

Erarbeitet von
Christa Baron und Eckehardt Knöpfel

Evangelischer Religionsunterricht
auf der Sekundarstufe II

Für den Gebrauch an Schulen
© 1988 Cornelsen Verlag Schwann-Girardet, Düsseldorf
Alle Rechte vorbehalten.

Bestellnummer 122900
1. Auflage
Druck 5 4 3 2 / 95 94 93 92

Vertrieb: Cornelsen Verlagsgesellschaft, Bielefeld
Grafik: Wolfgang Mattern, Bochum
Satz: I. Schulze, Düsseldorf
Gesamtherstellung: Lengericher Handelsdruckerei, Lengerich/Westf.

ISBN 3-590-12290-0

Inhaltsverzeichnis

0. Vorwort

Liebe Kolleginnen und Kollegen,

daß wir knapp ein Jahr nach dem Erscheinen des Schülerbuches einen Lehrerband vorlegen können, hängt vor allem mit dem vielfach vorgetragenen
Wunsch zusammen, über das Begriffsregister hinaus (S. 483ff im Schülerbuch) weitere Erschließungswege eröffnet zu bekommen. Dem sind wir im
4. Kapitel dieses Bandes in breiter Form nachgekommen, so daß nicht nur
die Text-, sondern auch die Bildmaterialien registermäßig erschlossen
werden können.

Da die Bildmaterialien als wichtiges Markenzeichen von "Einsichten gewinnen" den Textfundus ergänzen, soll im 3. Kapitel dieses Bandes auch
Grundsätzliches zur Arbeit mit Bildmaterial im Religionsunterricht gesagt
werden; einschließlich unterrichtspraktischer Hinweise. Das 2. Kapitel
stellt 6 Unterrichtsreihen vor, wobei die Fremdreligionen Hinduismus und
Buddhismus in besonderer Weise zum Zuge kommen, eingedenk der Tat-
sache, daß Religionspädagogen in der Regel ihren Schwerpunkt nicht in
der Religionswissenschaft haben. So glauben wir mit den beiden Einfüh-
rungen hinrichend Hinweise zum unterrichtlichen Umgang mit den vielfältigen Materialien des Schülerbuches (Kap. 1.5 Einheit von Selbst und Gott)
gegeben zu haben.

Das 1. Kapitel beschreibt die didaktische Grundidee des Schülerbuches,
wobei in besonderer Weise die Ringkomposition als didaktisches Prinzip
Beachtung finden sollte (1.3). Zu danken habe ich wieder den vielen Kolleginnen und Kollegen, die ausprobiert, beraten, kritisiert und Mut
gemacht haben. Besonders danke ich Frau Baron[1] für die reibungslose
Zusammenarbeit sowie Herrn Pfr. D. Röhnisch für die Hinweise zur Bildinterpretation, die sich vielfältig im Kapitel 3 niedergeschlagen haben.

Für alle Kritik - von Druckfehlerhinweisen bis zu didaktischen Grundsatz-
fragen - bin ich dankbar.

Mit dem Wunsch, daß "Einsichten gewinnen" Ihren Religionsunterricht auf
der S II noch erfolgreicher werden läßt, verbleibe ich als

Ihr

Eckehardt Knöpfel

---

1) Die Beiträge von Frau Baron sind namentlich gekennzeichnet, für den
   Rest zeichnet der Herausgeber verantwortlich.

1. Zur Konzeption des Schülerbandes

1.1 Fachwissenschaft – Fachdidaktik – Unterrichtspraxis

Die Theologie ist die primäre Bezugswissenschaft für den Religionsunterricht (RU). Von ihr ist das Gliederungsprinzip des Schülerbuches (SB) entlehnt. Einerseits gehen die vier Grundbegriffe Gott, Christus, Kirche und Mensch auf curriculare Schlüsselbegriffe der Religionslehre (RL) nahezu aller Bundesländer zurück und zum anderen sind sie theologisch gut legitimierbar. Sie sind vom Credo abgeleitet, wobei die trinitarische Struktur des Apostolikums sich im SB in vier Kapitel überführen läßt, indem der dritte Artikel sich in einen ekklesiologischen (Kirche) und einen anthropologischen (Mensch) Bereich verzweigt. Diesem letzten Kapitel werden auch ein großer Teil der ethischen Materialien zugeschlagen.

Dennoch: die Theologie als klassische Bezugswissenschaft darf weder methodisch noch inhaltlich in der Weise leitend sein, daß der RU zu einem Theologieunterricht verkürzt wird. Er muß vielmehr so strukturiert und inhaltlich ausgefüllt sein, daß er die für alle Schüler festgelegte Richtzieldefinition der gymnasialen Oberstufe einlöst. Was für alle anderen Fächer des Kanons der SII gilt, muß auch für den RU Bestand haben; Schule soll "Selbstverwirklichung[1] in sozialer Verantwortung" ermöglichen. Für den RU bedeutet dies die Aufnahme von

* Glaubens- und Sinnfragen
* Werte- und Normendiskussionen
* Verhaltens- und Identitätsproblemen

Dies geschieht im Hinblick auf die freie Entfaltung der Persönlichkeit des einzelnen Schülers, der im Rahmen unseres demokratischen und d.h. auch pluralen Staates seine Entscheidungen zu treffen hat.

Wie in fast allen Fächern der SII so ist auch im Bereich des RU der Komplikationsgrad erheblich gewachsen, nicht zuletzt deshalb, weil das Normen- und Werteangebot sowie die weltanschauliche Vielfalt im pluralen Staat dem Heranwachsenden oft unlösbare Auswahlschwierigkeiten macht, die er ohne schulische Hilfe kaum zu lösen vermag. Die mittelalterliche Idee des einen Abendlandes mit der einen Religion ist trotz des Fortbestandes der großen Volkskirchen nicht mehr existent. Dem hat der RU entscheidend Rechnung zu tragen. Dem Schüler kann nicht wirklich geholfen werden, wenn er einzig biblisch-theologisch-kirchliche Inhalte vorgestellt bekommt. Daher

---

1) Die Schwierigkeiten bei der Bestimmung des Begriffs Selbst sind mir vertraut, dennoch verzichte ich nicht auf den Begriff, da er curricular vorgegeben ist.

8

sollte der RU neben einer fundierten Konfrontation mit dem christlichen Erbe auch andere Traditionen der Geistes- und Religionsgeschichte aufnehmen, soweit sie dem Schüler zu einem befestigten weltanschaulichen Standpunkt verhelfen. Aufgrund unserer Geschichte hat die Konfrontation mit dem Christentum und seiner Geschichte zwar Vorrang, in einem pluralistischen Staat aber, der sich selbst nicht als christlich definiert, kann im Rahmen von Schule der Anspruch des Evangeliums nicht in der Ausschließlichkeit verbreitet werden, daß andere Religionen, Quasi-Religionen und Weltanschauungsangebote aus dem Blickfeld geraten. Toleranz gilt vorrangig für den RU. Daher lautet das Globalziel für den Ev. RU für die SII in NRW (S. 28):

"Der RU soll dem Schüler kritisches Verständnis des christlichen Glaubens in seinen geschichtlichen Erscheinungen sowie anderer Religionen und Weltanschauungen eröffnen."

Diese Zielformulierung darf den RU aber nicht nur als kopfgeleitetes Wissensfach ausweisen, wo Fakten, Theorien und Textinhalte rezipiert werden. Vielmehr ist der affektive, der handlungspropädeutische sowie der verhaltensmodifikative Bereich mit in den Blick zu nehmen. Es geht im Rahmen des RU immer um mehr als um Wissensvermittlung. Dieser "Mehrwert" sollte gekennzeichnet sein durch Anwendungs-, Umsetzungs- und Verhaltensmodifikationsziele. Wie diese zu realisieren sind, darüber soll in Kapitel 1.3 Auskunft gegeben werden. Zuvor einige Überlegungen und Begründungen zur Auswahl der Texte.

1.2 Anmerkungen zur Auswahl der Materialien

Bereits ein flüchtiger Blick in das Schülerbuch belegt, daß neben der Textauswahl ein breites Angebot an Bildmedien zur Verfügung steht. Es sind künstlerische Darstellungen von Mensch und Welt: vorrangig Menschen- und Weltbilder aus dem 20. Jahrhundert. Mit diesem Bildangebot sollen Schneisen geschlagen werden aus dem textgeleiteten RU, hin zu anderen Erkenntniswegen, Rezeptionsmöglichkeiten, die vielleicht ganzheitlicher sind, zumindest aber ganz anders als Textmedien Inhalte zu transportieren vermögen. "Kunst gibt nicht das Sichtbare wieder, sondern macht sichtbar". Dieser Satz Paul Klees soll als Programm verstanden werden, wenn Kurse sich im RU mit Bildmedien auseinandersetzen.

Es geht um ein erweitertes und vertieftes Welt- und Menschenverständnis, vermittelt durch visuelle Impulse. Das Kapitel 3 erschließt Zugänge zur Kunst, so wie sie im RU möglich und nötig sind.

Im Gegensatz zu den Bildern wurden den Texten kaum Informationen oder Fragen unterlegt. Das ausführliche Register des Schülerbandes (S. 483 ff) sowie die Vielfalt der Erschließungsmöglichkeiten, die das Kapitel 4 des Lehrerbandes bieten, wollen auf die mannigfachen Einsatzmöglichkeiten der Texte hinweisen. Jede Frage zu einzelnen Materialien würde Engführung, didaktische Einschränkung bedeuten, da jedes Material in einem jeweils anderen Kontext auch andere Aussage- bzw. Zugriffsmöglichkeiten bietet. Das Weglassen der Fragen will die Multifunktionalität sowie die Variabilität der Materialien dokumentieren. Im Kapitel 2, der Darstellung einzelner Unterrichtsreihen, kann dieses Prinzip selbstverständlich durchbrochen werden.

Kriterien für die Textauswahl:
- unterrichtsgerechte Textlänge
- sachlogische Richtigkeit des Textausschnitts
- exemplarischer Charakter des Textausschnitts
- angemessener Schwierigkeitsgrad für die SII
- zeitgemäße Problemstellung
- Repräsentanz möglichst vielfältiger Autoren und Textsorten

Darüberhinaus waren folgende didaktischen Gesichtspunkte bei der Textauswahl leitend:
- Eignung der Texte für die Durchsetzung des Globalziels (S. 7)
- Beförderung eines ökumenischen Standpunkts
- Hilfestellung zur "Selbstverwirklichung in sozialer Verantwortung" (S. 7)
- Anleitung zur Auseinandersetzung mit dem eigenen religiösen/weltanschaulichen Standpunkt
- Anleitung zur Normen- und Wertefindung

Daß der Band viele, oft auch anspruchsvolle theologische, philosophische, sozialwissenschaftliche Texte enthält widerspricht nicht dem bisher Gesagten. Es wurden hier vor allem solche Texte gewählt, die wirklich Antwortcharakter haben. Es geht also nicht um rein formale Rezeption von bloßen Inhalten, sondern um die Bereitstellung fachwissenschaftlicher Hilfen und Antworten auf vorgängig im Unterricht erarbeitete Fragen (siehe dazu 1.3/ Ringkomposition!).

Die vielen fachwissenschaftlichen Texte bedeuten also keinen Vorrang für einen rein wissenschaftspropädeutischen RU, sondern sind Angebote an die Schüler, ihre fachspezifisch zu ermittelnden Fragen sachgerecht beantworten zu lassen. Daß der Band beschreibende Texte, aktuelle Probleme in geringerem Maß bereithält, entspringt dem Gedanken, daß diese Probleme durch Illustrierte, Magazine, Videos, Tageszeitungen oder Schülerbeiträge leicht beizubringen und dazu immer aktueller sind. Hier Material zu beschaffen (auch durch Schüler/innen), scheint mir das geringere Problem zu sein.

Mit dieser Textauswahl geht es letztendlich auch um einen handlungsorientierten Ansatz von RU, der über den reinen Reflexionscharakter hinausgeht. Schülern genügt es nicht, wenn sie verschiedene Systeme kennenlernen, darüber nachdenken, Verständnis für andere gewinnen oder vergleichend mit weltanschaulichen Systemen umgehen können. Es geht um die Frage, wie sie ihr Denken und Handeln modifizieren können, hin auf Identitätsfindung, Selbstverwirklichung, ethisch verantwortbares Leben. Die Metaebene des Reflektierens aber sollte transzendiert werden hin auf konkrete Ermöglichung von religiöser Fundierung. Um allen "Missionsvorwürfen" aus dem Wege zu gehen, wurde hier bewußt nicht von christlichem Lebensstil oder christlicher Religion gesprochen. Ein RU, der zum großen Teil aus Schülern besteht, die kaum noch Kontakt zur Kirche besitzen und die sich selbst auch als Nicht-Christen z.T. als Atheisten bezeichnen, spiegelt (ohne hier exakte demographische Belege zu nennen) vielerorts die gesamtgesellschaftliche religiöse Entwicklung. Dieser Schülerpopulation wird nicht dadurch der Weg zu sinnerfülltem Leben eröffnet, daß man christliche Theologie vermittelt, sondern daß man anhand der entwicklungspsychologisch festmachbaren Grundfragen die Antworten des christlichen Glaubens, der nichtchristlichen Religionen sowie der großen quasireligiösen Systeme als mögliche Antworten auf deren Fragen anbietet. Daß dabei der Anspruch, unter dem die einzelnen Religionen auftreten, ebensowenig verschwiegen werden darf (z.B. der Anspruch des Evangeliums!) wie die methodischen (und auch wissenschaftstheoretischen) Fragen nicht vernachlässigt werden dürfen, ist in den RL begründet, aber auch von der Sache selbst geboten (z.B. Interpretation biblischer Texte, Analyse historischer Texte).

Die Frage nach dem "richtigen" Einstieg in den RU des SII kann nicht eindeutig beantwortet werden. Auch die Versuche über die Sequenzkette auf S.482 bieten hier nur einen Versuch, dasselbe gilt für die Unterrichtsreihen auf S.461-481. Daß man philologisch-methodische Fragen sowie Grundkenntnisse theologisch-religionswissenschaftlicher Natur so frühzeitig anbahnt, daß wertende Prozesse dadurch erleichtert werden, sollte aber berücksichtigt werden.

Daß zu solch einem RU kein starres bildungstheoretisches Konzept von Schule und Unterricht paßt, liegt auf der Hand. Es darf keinen Kanon von theologischen oder religionswissenschaftlichen Fakten geben, der vermittelt werden muß, um zu einem Gesamtverständnis (im Verein mit anderen Fächern!) der abendländlichen Kultur zu gelangen. Rein inhaltlich-orientierte Konzepte führen hier nicht weiter. Andererseits dürfen Inhalte, wie in der frühen Phase der lernzielorientierten Didaktik geschehen, nicht beliebig gemacht werden. Gerade der RU ist auf Handlungsmuster, Sinnstrukturen, theoretische Wert- und Normensysteme angewiesen, die daraufhin untersucht werden können, ob sie dem einzelnen Schüler als Hilfe zur Sinnfindung, als Hilfe zum verantwortbaren Handeln angeboten und wertend diskutiert werden können. Daher sind Gegenstände, Inhalte nicht unter dem normativen Verdikt der Zwangsläufigkeit und der Unbedingtheit auszuwählen. Daß bei der Auswahl solcher Gegenstände die Frage nach der gesellschaftlichen Repräsentanz eine Rolle spielen, ist im Interesse der Schüler. Überhaupt gilt:

"Der RU ist inhaltlich so anzulegen, daß die Schüler auf ihrem Wege zur Identitätsfindung die größtmögliche Hilfe hinsichtlich des Text- und Bildmaterials erfahren. Hier liegt die entscheidende didaktisch-methodische Priorität des heutigen RU."

Der Prozeß der Unterrichtsplanung, d.h. der Weg der methodisch verantwortbaren Themen- und Zielfindung muß im Rahmen dieses Konzeptes ein kommunikativer sein, wobei die Rolle des Schülers, des Kurses als Kommunikationspartner nicht unterschätzt werden darf. Die Findung der speziellen Fragestellung, unter der Texte/Materialien bearbeitet werden sollen, richtet sich nach dem Stand der religiösen Sozialisation der Schüler, zudem nach dem inhaltlichen Sach- bzw. Kenntnisstand. Daß im Rahmen der gymnasialen Oberstufe von einem bestimmten Sprachniveau der Texte, von einem hohen Abstraktionsgrad ausgegangen werden kann, bedarf angesichts der kognitiven Möglichkeiten adoleszenter Jugendlicher keiner besonderen Begründung. Das schließt den Einsatz von Karikaturen, Fallstudien, vorwissenschaftlichen Texten nicht aus, aber macht diese andererseits auch nicht zum Leitmedium. Dies wurde bei der Auswahl der Texte wesentlich mit berücksichtigt. Gerade bei zunehmender Kirchenfremdheit der Jugendlichen, die am RU teilnehmen, besteht eine große Verantwortung darin, solchen Schülern wesentliche Zusammenhänge theologischen Denkens als Werte- und Normangebot zu machen. Also kein Weniger sondern ein Mehr an lesbaren theologischen Texten! Wichtig ist allein der Zugriff zu solchen Texten; es ergibt sich die Notwendigkeit, stets die Frage nach der Persönlichkeitsförderung im Sinne der Identitätsfindung im Blick zu behalten und die die Texte erschließenden Fragen darauf abzustimmen.

1.3 Die Ringkomposition als didaktisches Prinzip
Wenn Religionsunterricht den bislang beschriebenen Prämissen genügen soll, wenn in der SII

- wissenschaftspropädeutische
- handlungspropädeutische und kommunikationstheoretische Interessen

12

gleichermaßen zum Zuge kommen sollen, dann bedarf es eines bestimmten didaktischen Prinzips, was auf diesen Forderungen aufbaut und von dem sich auch methodische Folgerungen ableiten lassen. Ein Prinzip, was auch die Textauswahl des Bandes transparent macht und im Schulalltag den Umgang mit dem Buch erleichtert und fördert. Die Ringkomposition[1] erweist sich als Instrument zur Planung von Einzelstunden, Teilsequenzen, Sequenzen aber auch Sequenzketten.

Die Umsetzung der Ringkomposition vollzieht sich in drei Schritten, wobei davon auszugehen ist, daß Lehrer und Schüler in einem dialogischen, partnerschaftlich-kommunikativen Prozeß unterrichtliche Entscheidungen vorantreiben.

1.3.1 Die Deskriptions- / Problemfindungsphase (A)

Aufgrund der jeweiligen curricularen Vorgaben, an die sich Lehrer und Schüler gebunden wissen, wird in einem ersten Schritt der vorgeschriebene Lehrgegenstand bzw. die möglicherweise zur Auswahl gestellten Gegenstände im Kursplenum vorgestellt. Ist hier eine Auswahl getroffen bzw. ein Gegenstand festgelegt, wird in einer Deskriptionsphase die Breite des Gegenstandes ermittelt, flächig mögliche thematische Zugriffe erörtert und das dazugehörige Vorwissen der Schüler ermittelt (Medien/affine Fächer/ etc.). Dieser Vorgang der Problemfeldbeschreibung, in dessen Rahmen der Weg vom Sachgegenstand zum didaktisch bearbeiteten Thema steht, wird in der Regel mittels eines gegenstandskompatiblen Materials, das sich als aspektenreich und komplex erweist, erledigt. Das kann ein Text, aber auch ein visuelles oder audio-visuelles Medium sein.

Diese(s) Material(ien) sollte(n) keine fertigen Lösungen beinhalten, fachwissenschaftliche Terminologie nicht als prägende Sprache enthalten und zur Korrelation mit Alltagssituationen anhalten. Solche assoziativen Materialien[2] können z.B. sein:

- Karikaturen, Dias und Filme situativen Inhalts;
- Alltagssituationen/Alltagsprobleme beschreibende Texte
- (auto-)biographische Texte
- wissenschaftliche Fragestellungen mit individuellem/gesellschaftlichem Bezug (möglichst situativ);
- Kommentare, Werturteile enthaltende Texte, provokative Stellungnahmen

---

1) Der Begriff "Ringkomposition" ist dem Buch von Beyer/Pfennings: Grundlagen des Pädagogikunterrichts entlehnt, hier inhaltlich aber anders gefüllt.
2) Eine Zusammenstellung solcher Materialien findet sich unter 4.4 im Lehrerband.

Aus der Bearbeitung solcher Materialien entsteht sodann in einem kommunikativen Unterrichtsprozeß der thematische Zugriff, der aus dem Gegenstandsbereich hinführt zur Formulierung einer thematischen Zuspitzung. Daß sich im Verlauf solcher Überlegungen meist mehrere Fragestellungen ergeben, die Interesse geweckt haben und zur Bearbeitung anstehen, nötigt den Kurs zur vorläufigen Bewertung und zur Festlegung einer Bearbeitungsreihenfolge bzw. zur Eleminierung einzelner Themenbereiche. Auf dem Weg zur Themenfindung (Problembeschreibung / Umfangsfestlegung etc.), ist stets darauf zu achten, daß die vorrangigen Ziele des RU
- die Sinnfrage
- die Normen- und Werteproblematik sowie
- die Identitätsfrage
im Horizont der Angebote, die das Evangelium macht, nicht aus dem Blick geraten. D.h., es muß der Gefahr widerstanden werden, den fachspezifischen Zugriff zu verpassen. Wenn es aufgrund integrativer Maßnahmen gelungen ist, unter Berücksichtigung der curricularen Vorgaben
- das Vorwissen und das Vorverständnis[1] der Schüler zu bestimmen, und zu systematisieren (Teilbereiche benennen)
- das Problemfeld zu erweitern (Materialhilfe!),
- und bearbeitungsfähige Fragestellungen daraus zu entwickeln (evtl. Hypothesen zu formulieren),
dann ist der Zeitpunkt des Übergangs zu Teil B der Ringkomposition gegeben.

1.3.2 Die Konfrontations-/Erarbeitungsphase (B)
Dieser 2. Bereich wird in der Regel der umfänglichste Teil im Gesamtkonstrukt werden. Hier soll es darum gehen, die beschriebenen Zustände, die aufgeworfenen Fragen, die aufgestellten Hypothesen in einer fachwissenschaftlich begründbaren wissenschaftsorientierten Phase zu bearbeiten. Hier hat der Band mit Sicherheit auch sein inhaltliches Schwergewicht, es geht um die Antworten, mit denen der Schüler seitens der Wissenschaften konfrontiert wird. Ähnlich wie bei der Problemfindung in Abschnitt A der Ringkomposition wird auch hier einem integrativen Verfahren Vorrang gegeben vor monokausalen Antworten. So sollten - gemäß den Textvorgaben des Bandes - die Lösungsvorschläge nicht allein der Theologie entspringen, sondern fachwissenschaftliches Material auch aus
- der Religionswissenschaft,
- den Sozial- und Anthropowissenschaften sowie
- ggf. den Naturwissenschaften
- der Kunst und
- der Philosophie entlehnt sein.

1) An dieser Stelle muß dem Schüler deutlich werden, welcher "Teil" seiner Lebenswirklichkeit angesprochen wird.

Daß im Rahmen der fachwissenschaftlichen Klärungsvorgänge im Abschnitt B der Ringkomposition der Theologie als primärer Bezugswissenschaft des RU eine entscheidende Rolle zukommt, ist nicht nochmals zu begründen.

Daß im Rahmen dieses Abschnitts B eine möglichst breit angelegte Antwortenpalette vorgestellt wird, ergibt sich aus einem Verständnis von RU, das von Toleranz und Dialogbereitschaft geprägt ist. Wesentlich kommt es darauf an, daß Texte zum "Einsatz" kommen, die wirklich solche Antworten zu geben versuchen, die mit den in Abschnitt A aufgeworfenen Fragen inhaltlich kompatibel sind. Hier helfen die zahlreichen Register des Lehrerbandes bei der Suche! Daß auch die Bibel als die Ur-Kunde des jüdischen und christlichen Glaubens in den Kreis der Antwortgeber wesentlich mit einzubeziehen ist, versteht sich von selbst. RU auf der SII, der es versäumt, seine Primärquellen zu berücksichtigen, verliert nicht nur seine geschichtliche Bindung, sondern leicht auch seine fachspezifische Identität im Fächerkanon.

Ziel dieses Abschnitts B ist es, dem Schüler zu begründeten Antworten auf die vorher aufgeworfenen Fragen zu verhelfen. Fragen, von denen angenommen wird, daß es sich wirklich um Fragen der Schüler handelt (Lebenswirklichkeit!), die darauf eine ernsthafte, abgesicherte Auseinandersetzung erwarten dürfen. Dies war die eigentliche Absicht bei der Zusammenstellung des Text- und Bildmaterials: Antworten und Auseinandersetzungen - fachwissenschaftlich abgesichert! - im Rahmen der Sinn- und Normenfrage zu eröffnen. Daher auch in diesem Bereich ein Überhang an Texten mit eindeutig wissenschaftsorientierter Zielsetzung. Textauswahl und Materialreihen können auch in dieser Phase - je nach in A gewonnenem Problemumfang - vom Kurs mitbestimmt werden, natürlich unter kräftiger Einhilfe durch den Kurslehrer. Das Register unterrichtsrelevanter Begriffe (Schülerbuch S. 483 ff) weist hier Wege.

1.3.3 Die Problemlösungs-/Umsetzungsphase (C)

Der Abschnitt C wurde bereits in A und B angebahnt, trägt wieder integrative Züge und läßt sich als handlungsorientierte Phase beschreiben. Problembeschreibung (A), Wissenschaftsorientierung (B) gewinnen nur dann Sinn, wenn der Schüler im Sinne einer Handlungsorientierung einen "Zugewinn" erfährt. Wissenschaft um der Wissenschaft willen ist im Bereich der SII kein Ziel an sich. Wissenschaftsorientierung im Sinne des Globalziels des RU muß darauf gerichtet sein, dem Schüler Hilfen bei der "Selbstverwirklichung in sozialer Verantwortung" zu geben. Hier liegt ein didaktischer Schlüssel zur Auswahl der wissenschaftlichen Materialien.

Daß es dabei eine Reihe von Texten gibt, die nicht direkt diesem Ziel dienen, die sozusagen Zubringerdienste leisten, ergibt sich (gerade bei histo-
rischen und philosophischen Problemen) aus der Sache. Insgesamt wird in
Abschnitt C eine kritische Korrelation der Ausgangsfrage(n) mit allen bearbeiteten Antwortmaterialien versucht. In diesem integrativen 3. Teil geht
es nicht primär um synoptische Darstellung (das eventuell auch!), sondern
um wertende Kritik im Sinne der Verwertbarkeit der Antworten bezüglich
der Problemfragen.[1] Hier hat auch die Frage nach der Umsetzbarkeit von
Lösungen einen erheblichen Stellenwert, evtl. muß der Grund für fehlende
Lösungsansätze gesucht werden. Sodann spielt das Problem der Verhaltens-
modifikation (nicht als therapeutisches Modell!), als Angebot individuelles
Verhalten zu überdenken und zu verändern, eine wesentliche Rolle. Es
wird zu prüfen sein, inwiefern Lösungsansätze "nur Theorie" bleiben oder
ob sie Umsetzungsmöglichkeiten im individuellen und gesellschaftlichen Bereich bieten. Da keine didaktische Rechnung glatt aufgeht, wird im Rahmen dieses 3. Abschnitts nach Problemresten zu forschen sein, vielfach
werden auch Problemerweiterungen am Ende solch eines Unterrichtsprozes-
ses stehen. Auf diese Weise ergeben sich unterrichtliche Fortschreibungen
quasi automatisch aus der Menge der verbliebenen Fragen.
Der Unterricht in diesem abschließenden Abschnitt C der Ringkomposition
will den Kreis nicht nur schließen, sondern auch in spiraliger Form in die
nächste Runde der Auseinandersetzung treiben. Ringkomposition meint
demnach nie etwas abgeschlossenes, sondern bahnt die Fortschreibung des
Unterrichts auf der nächsthöheren Ebene an.
Neue Materialien brauchen in dieser Phase nicht unbedingt zu Verfügung
stehen. Man kann ggf. das deskriptive Ausgangsmaterial nochmals einbringen, um handlungspropädeutisch damit umzugehen, man kann auch das
Kursplenum bitten, in Form einer Hausaufgabe/Partnerarbeit/Gruppenar-
beit die Ergebnisse des Abschnitts B so auszuwerten, daß handlungsori-
entiertes Arbeiten damit ermöglicht wird.

---

1) Daß die Handlungsebene im Bereich von Werte- und Normenproblemen
   und im Bereich konkreter Verhaltensmodifikationen besonders schwer
   zu beschreiben und auch methodisch umzusetzen ist, ist mir bewußt.
   An anderer Stelle muß deshalb Handlungspropädeutik als religionspäd-
   agogisches Problem noch ausführlich diskutiert werden.

Die Ringkomposition als didaktischer Zugriffsmodus zu "Einsichten gewinnen"

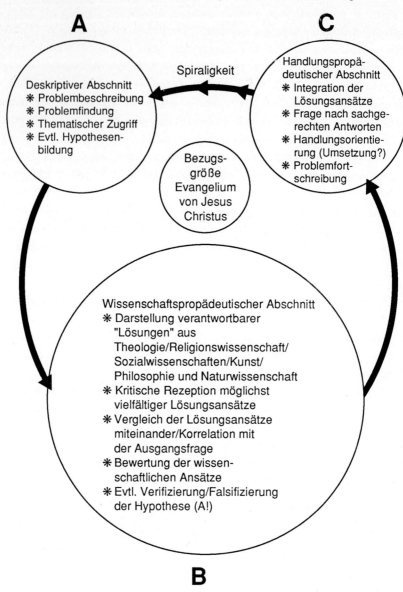

A

Deskriptiver Abschnitt
* Problembeschreibung
* Problemfindung
* Thematischer Zugriff
* Evtl. Hypothesen-
  bildung

Spiraligkeit

C

Handlungspropä-
deutischer Abschnitt
* Integration der
  Lösungsansätze
* Frage nach sachge-
  rechten Antworten
* Handlungsorientie-
  rung (Umsetzung?)
* Problemfort-
  schreibung

Bezugs-
größe
Evangelium
von Jesus
Christus

Wissenschaftspropädeutischer Abschnitt
* Darstellung verantwortbarer
  "Lösungen" aus
  Theologie/Religionswissenschaft/
  Sozialwissenschaften/Kunst/
  Philosophie und Naturwissenschaft
* Kritische Rezeption möglichst
  vielfältiger Lösungsansätze
* Vergleich der Lösungsansätze
  miteinander/Korrelation mit
  der Ausgangsfrage
* Bewertung der wissen-
  schaftlichen Ansätze
* Evtl. Verifizierung/Falsifizierung
  der Hypothese (A!)

B

2. Zur Konkretion von Religionsunterricht: 6 Teilsequenzen

Wer Unterrichtssequenzen plant und zur Übernahme empfiehlt, der tut etwas sehr Problematisches. Fertige Planmuster verhindern oft mehr als sie helfen, versperren den freien unterrichtlichen Kommunikationsfluß zwischen Lehrer und Schülern, werden - leider! - oft als starre Vorgabe mißverstanden. Die hier vorgestellten 6 Sequenzen möchten anders verwandt werden: als Anregungen, als Konkretionen und Verständnishilfen dessen, was im Kapitel 1 als Ringkomposition vorgestellt wurde. Zugleich auch als Weiterführung der Unterrichtsreihen, die sich im didaktischen Teil des Schülerbuchs befinden. Diese 6 Teilsequenzen dürfen nicht als "Zwangsjacken" mißbraucht werden, bedürfen der Rückkoppelung mit dem aktuellen Unterrichtsgeschehen und haben u.U. die Modifikation und Aktualisierung durch Schülerwünsche und Schülernachfragen zu ertragen. Kollegen, die mit diesen Vorschlägen unterrichtlich umgehen wollen, sollten einerseits wissen, daß es sich um erprobte Vorschläge handelt, daß Unterricht aber andererseits je neu zu gestalten ist, damit er einmaliges und damit fruchtbares Geschehen bleiben kann.

2.1 "Stammt Gott vom Menschen ab?" Die Herausforderung des Atheismus (UR 9)

2.1.1 Problemfeldbeschreibung und Problemfindung

Für den Menschen (Schüler) des 20. Jahrhunderts ist Gott nicht mehr die Konstante zur Erklärung individueller und gesellschaftlicher Grundprobleme. Sinn-, Werte- und Normenprobleme werden heute auf vielfältige, selten aber auf theologische Weise zu lösen versucht. Auch wenn Gott in Verfassung, Parteiprogrammen und bürgerlichen Reden eine Rolle spielt - das Alltagsverhalten des normalen Bundesbürgers tangiert oder beeinflußt die Frage nach dem Sein Gottes höchst selten. Wenn die Gottesfrage zur Debatte steht, dann eher im Kontext des Atheismus, des Kritizismus, des Agnostizismus. Daraus folgt im didaktischen Bereich: der Atheismuskurs ist nunmehr der eigentliche Kurs zur Gotteslehre.

Die Frage "Wo ist Er?", präsentiert durch eines der erfolgreichsten Lieder unserer Zeit, dokumentiert einerseits die tiefe religiöse Sehnsucht der Menschen unserer Tage und macht andererseits auch deutlich, daß die mittelalterlichen Antworten zur Gotteslehre heute nicht mehr tragen, nicht mehr hinreichen zur Beantwortung der grundlegenden Fragen des heutigen Menschen. Deshalb halte ich das von George Harrison komponierte Lied

"My sweet Lord" für eine optimale Eingangssituation im Atheismuskurs.[1]
Kurse mit guten Englischkenntnissen können auch auf die Originalversion
zurückgreifen, für den Normalfall hier die deutsche Übersetzung (ge-
kürzt):

Wo ist Er? Sag, wo? Wo ist Er?
An den die Menschen glauben, den sie nennen Herr der Welt
Ich schau auf zum Sternenzelt und such ihn, tagein, tagaus
Wo ist Er? Sag, wo? Sag wohin muß ich gehen?
Wie kann ich ihn sehen?
Dem ich soviel sagen will, den ich soviel fragen will.
Wie soll ich ihn finden?
Ihr seht alle fort und schweigt.
Keiner, der den Weg mir zeigt.
Hör die Menschen, wie sie rufen! Wie sie fragen!
Wo ist Er? Ich brauch ihn so. Wo? Wo? Wo?
Wie kann ich ihn finden auf der Welt?

Als Alternativen zu diesem Lied wären drei literarische Texte zu nennen:

T 32 Wolfgang Borchert: Draußen vor der Tür
T 39 Carl Amery: Wort des Abwesenden Gottes
T 54 Rudolf Bohren: O große not I/II

Alle drei Texte, wie auch das Lied von G. Harrison, bestätigen den Satz
von der Abwesenheit, der Ferne Gottes. So jedenfalls empfinden es die
Menschen unserer Tage. Aus den hier vorgeschlagenen Materialien lassen
sich (möglicherweise) folgende Fragen für eine intensive Kursbearbeitung
herauskristallisieren (Teil A):

- Welche Denkansätze erschweren oder verhindern heute die Übernahme
  des traditionellen jüdisch-christlichen Gottesbildes?
- Welche Antworten hat das Judentum/Christentum auf die Herausforde-
  rungen des Atheismus/Agnostizismus/etc.?
- Welche konkreten Hilfen bietet Kirche heute, den Gottesglauben als
  sinnstiftendes Angebot einüben zu können?
- Welche sinnstiftenden weltanschaulichen Angebote eröffnen die großen
  atheistischen Traditionen des 19. und 20. Jahrhunderts?

2.1.2 Phase der Erarbeitung (Wissenschaftsorientierung)

Aus den Problemfragen lassen sich im Hinblick auf die fachwissenschaftliche Situation vier Zugriffswege finden:

- der Atheismus Feuerbachs (humanistischer Atheismus)
- der Atheismus Marx' (materialistischer Atheismus)
- der Atheismus Freuds (psychologischer Atheismus)
- der Atheismus Sartres/Camus' (existentialistischer Atheismus)

Alle vier Zugriffswege repräsentieren neuzeitliches, gott-fernes bzw. gott-
loses Welt- und Menschenverständnis und sind daher geeignet, um mit
Schülern die Problematik der Gottesfrage heute zu diskutieren. Wenn meh-

---

1) Die deutsche Version des Liedes befindet sich auf einer vom Roten
   Kreuz herausgegebenen LP mit dem Titel "Lieder, die uns Brücken
   bauen".

rere Wege unterrichtlich zum Zuge kommen, dann sollte der historische Gedanke eine Rolle spielen und die vorgeschlagene Reihenfolge eingehalten werden.

- Materialien zu Teilsequenz 1

    Ist Gotteserkenntnis Selbsterkenntnis?: Feuerbachs Atheismus

    T 223 Immanuel Kant: Was ist Aufklärung?

    (Dieser wichtige Text macht Weichenstellungen deutlich, ohne die Feuerbachs Thesen gar nicht möglich gewesen wären./Aufbruch des überkommenen von der kirchlichen Autorität bestimmten Weltbildes!)

    T 40 Ludwig Feuerbach: Religion - das Verhalten des Menschen zu sich selbst
    T 41 Helmut Gollwitzer: Auseinandersetzung mit Feuerbach
    T 45 Karl Marx: Thesen zu Feuerbachs Religionskritik
    T 52 Heinz Zahrnt: Stammt Gott vom Menschen ab?

    (Dieser schwere Texte sollte - in Sinnabschnitte aufgeteilt - nur von guten Kursen bearbeitet werden)

- Materialien zu Teilsequenz 2

    Die Religion: Das Opium des Volkes: der Atheismus Karl Marx'

    T 44 Karl Marx: Zur Kritik der Religion
    T 45 Karl Marx: Thesen zu Feuerbachs Religionskritik
    (falls in Teilsequenz 1 noch nicht behandelt hier einsetzbar)
    T 137 Der Sieg des Kommunismus
    T 46 Helmut Gollwitzer: Das marxistische Nein zur Religion
    T 47 Günter Rohrmoser: Der Marxismus und das Problem seiner Wirkungskraft

- Materialien zu Teilsequenz 3

    Religion als Abwehr der Hilflosigkeit - Zur Religionskritik Freuds

    Wer die Behandlung der Freudschen Religionskritik durch Primärquellen noch fundieren möchte, dem seien die ersten beiden Kapitel seines Werks "Abriß der Psychoanalyse" (Fischer TB 6043/S. 9-14/"Der psychische Apparat" und "Trieblehre") dringlich empfohlen.

    T 49 Sigmund Freud: Religion als Abwehr der Hilflosigkeit
    T 52 Heinz Zahrnt: Stammt Gott vom Menschen ab?
    (Falls in Materialsequenz 1 noch nicht bearbeitet)

    Daß Psychologen, die in der Freudschen Tradition stehen, heute ganz anders über Religion denken, zeigen die folgenden Texte:

    T 28 Erich Fromm: Glauben
    T 222 Erich Fromm: Haben oder Sein?

- Materialien zu Teilsequenz 4

    "Was schert mich Gott?" - Zur Religionskritik einiger Existentialisten

    Wichtig ist der Hinweis, daß Christentum und Existentialismus einander nicht notwendigerweise feindlich gegenüberstehen müssen. Neben atheistischen Spielarten gibt es einen christlichen Existentialismus und darüberhinaus einen dichten Traditionsstrom, vor allem über Heidegger, der auch im Bereich der Bibelexegese (existentiale Interpretation/Bultmann und seine Schule) fruchtbar geworden ist (siehe dazu die Texte T 146 - 149).

Als Einstieg in die Reihe könnte der Film "Der Fremde" mit Marcello Mastroianni dienen. Er ist in vielen Videotheken ausleihbar.

T 50 Albert Camus: Was schert mich Gott?
> Wenn der Film nicht einbezogen wird, ist eine vorherige Lektüre der Kurzfassung des Fremden (S. 83) unbedingt geraten.

T 51 Jean-Paul Sartre: Du bist ein Gott und ich bin frei
> Zur literarischen Einbindung ist der Text aus Kindlers Literaturlexikon zu den "Fliegen" zu lesen. Darüberhinaus wären einige biographische und philosophiegeschichtliche Anmerkungen (Referat?) wichtig. Dasselbe gilt auch für den Camus Text.

T 53 P.Lapide/K.Rahner: Der Gott der Dialogik - oder: die personale Beziehung zum Absoluten

2.2 Kreuz und Auferstehung Jesu - Die Bejahung des Lebens (UR 5)

2.2.1 Problemfeldbeschreibung und Problemfindung

Kreuz und Auferstehung sind einerseits Kernstücke der neutestamentarischen Botschaft und andererseits in der überlieferten Aussageweise schwer zu vermitteln. Die Frage nach dem gnädigen Gott, der Vergebung der Schuld, der Bedeutung blutstheologischer Aussagen - das sind Topoi, die dem Oberstufenschüler (wahrscheinlich auch dem "kirchlichen") kaum echte, existentielle Probleme sind. Schon eher die Frage nach Sterben und Tod, nach Selbstannahme und Selbstverwirklichung, nach Glück und Heil bzw. Unglück und Unheil. Daß die Umweltkatastrophe darüberhinaus auch die Frage nach Hoffnung und Zukunft, nach Überleben und Zugrundegehen ins Bewußtsein gerückt hat, bietet Zugangsmöglichkeiten für diese Reihe.

Als Materialien, die den Problemkreis Kreuz und Auferweckung erschließen helfen können, seien 2 Hinweise gegeben:

S. 198   Matthias Grünewald: Kreuzigungstafel
T 119   Klaus Bonhoeffer: Neue Hoffnung aus Ostern

Neben den vielfältigen Versatzstücken, die jeder zum Thema Tod und Leben, Kreuz und Auferweckung, Hoffnungslosigkeit und Hoffnung im Kopf hat, sollen die beiden Materialien helfen, wesentliche Fragen, die heute virulent sind, herauszukristallisieren.

1. Welche Aussagen hält die Tradition zum Thema Kreuz/Leiden/Sterben (Jesu) bereit?
2. Wie hängen Kreuz und Auferweckung in der christlichen Tradition zusammen, und welche Botschaft vermitteln diese Zusammenhänge?
3. Was kann der heutige Mensch (Schüler) mit diesen Aussagen anfangen, wo treffen sie seine Lebenswirklichkeit?
4. Wohin können sich Menschen wenden, denen die christliche Botschaft von Kreuz und Auferstehung nichts mehr zu sagen hat?
5. Handelt es sich hierbei primär um Vermittlungsprobleme (Sprache Kanaans) oder um inhaltliche Schwierigkeiten?

2.2.2 Phase der Erarbeitung (Wissenschaftsorientierung)

In der Aufnahme der 5 Fragenkomplexe wollen die folgenden Teilsequenzen Möglichkeiten fachwissenschaftlich verantwortbarer Antworten aufzeigen. Es empfiehlt sich, unterrichtlich alle 5 Teilsequenzen anzusprechen und dabei schwerpunktmäßig den Schülerinteressen nachzugehen.

- Material zu Teilsequenz 1

  Warum mußte Jesus sterben - Zur Bedeutung des Todes Jesu
  Bibel: Lektüre der synoptischen und paulinischen Passionstexte, dazu:
  (evtl. T 229)
  T 120 Joachim Jeremias: Der synoptische Befund
  T 121 Hans Conzelmann: Die Passionsgeschichte
  S. 206 Ernst Barlach: Anno Domini MCMXVI (1916)
  T 124 Ernst Käsemann: Der Gott des Kreuzes
  S. 203 Gerhard Altenbourg: Kreuzigung

- Material zu Teilsequenz 2

  Ostern als Auferstehung des Gekreuzigten - Gottes Ja zum Leben

  S. 205 Oskar Kokoschka: Auferstehung
  Bibel: Lektüre synoptischer und paulinischer Auferstehungstexte, dazu:
  T 126 Eduard Schweizer: Ostern als Auferstehung des Gekreuzigten
  T 131 (evtl. für interessierte Kurse) Ulrich Wilckens: Die Auferstehungsverkündigung des Paulus
  T 132 Pinchas Lapide: Die Auferstehung als jüdisches Glaubenserlebnis
  T 128 Kurt Marti: Auferstehung
  T 142 Helmut Thielicke: Träumendes Hinübergehen

- Material zu Teilsequenz 3

  Zur existentiellen Bedeutung von Kreuz und Auferweckung

  T 130 Marie Luise Kaschnitz: "Ein Leben nach dem Tode"
  T 129 Bertolt Brecht: Gegen Verführung
  S. 223 Winfried Wolk: Die Gewißheit der Zukunft
  T 127 Jürgen Moltmann: Die Zukunft des Reiches Gottes
  T 141 Gerhard Friedrich: Utopie und Reich Gottes
  T 106 Viteslav Gardavsky: Was bedeutet Reich Gottes?
  (Konkretionen werden möglich durch die Behandlung der Texte 107, 108, 109)

- Material zu Teilsequenz 4

Zukunftsperspektiven im säkularen Staat

S. 241 Paul Klee: Man verläßt die diesseitige Gegend
T 135 Global 2000: Zukunftsprognosen
T 137 Der Sieg des Kommunismus
T 139 Aldous Huxley: Schöne neue Welt
S. 237 Albrecht Dürer: Das neue Jerusalem
T 141 Gerhard Friedrich: Utopie und Reich Gottes

- Material zu Teilsequenz 5

Befreiung und Hoffnung

T 125 Eberhard Jüngel: Ostern: Gefährlich das Fest, befreit das
Lachen
T 119 Klaus Bonhoeffer: Neue Hoffnung aus Ostern (Rückkoppelung)

2.3 Die eine und die vielen Kirchen. Ekklesiologie und Ökumenik als Thema
des RU (UR 18)

2.3.1 Problemfeldbeschreibung und Problemfindung

Das Thema Kirche erlebt der Durchschnittsschüler in seiner Biographie als
Konfirmand, als Teilnehmer an Taufen, Trauungen, Beerdigungen und
(meistens) als Gottesdienstbesucher zu Festtagen. Kirche ist für ihn
Volkskirche im Sinne eines Dienstleistungsbetriebs. Die Antworten, die
Kirche auf Sinn- und Lebensfragen gibt, werden selten wahrgenommen,
spielen gesamtgesellschaftlich eher in "Anhörungsverfahren" eine Rolle als
im individuellen Leben. Es geht demnach zunächst um eine Bestandsaufnahme, die Faktisches und Persönliches zusammenbringt, die Fragerichtungen
"aufmacht" im Hinblick auf die didaktische Struktur der UR. Eine solche
Funktion kann der T 157 von Helga Frisch übernehmen. Die Berliner Pa-
storin repräsentiert einerseits die offizielle Volkskirche und reflektiert andererseits das Erscheinungsbild derselben: sie kommt zu dem Schluß, daß
Volkskirche sich selbst ins gesellschaftliche Abseits manövriert hat. Vor
der Lektüre dieses Textes wäre eine Brain-storming-Phase möglich, in der
Kursteilnehmer ihre Erfahrungen mit Kirche (Volkskirche) aufschreiben.
Diese Ergebnisse könnten dann den Erkenntnissen von Helga Frisch im
Zuge des Problemfindungsprozesses zugegliedert werden.

Aus dem Frisch-Text (T 157) lassen sich 5 Aussagen herauslösen:

- die Volkskirche ist zum Dienstleistungsbetrieb verkommen;
- die Volkskirche ist auf dem Weg zur Minderheitskirche;
- die Volkskirche verhält sich nicht jesusgemäß;
- die Volkskirche schwankt zwischen Modernismus und Traditionalismus;
- die Volkskirche ist auf dem Wege, sich selbst zu überleben.

In Aufnahmen dieser 5 Aussagen sollten nun Problemfragen entwickelt werden; die zu Teil B (der wissenschaftspropädeutischen Erarbeitungs-

phase, siehe 1.3.1) überleiten. U.a. könnten folgende Fragestellungen für die weitere unterrichtliche Gestaltung leitend werden:

1. Wenn die Volkskirche sich "überlebt" (was heißt das?) hat, welche Form müßte (die) Kirche von morgen haben? (konfessionskundlicher Zugriff)

2. Ist die künftige Kirche noch als evang./kath./orthodoxe Kirche vorstellbar? Würde die Überwindung der Spaltung die Kirche aus dem Abseits führen? (ökumenischer Zugriff)

3. Welche (politischen/sozialen/diakonischen/missionarischen/etc.) Aufgaben sollte die zukünftige Kirche haben? Wie kann der einzelne sich da "einbringen"? (gesellschaftlich-politischer Zugriff)

4. Sollte (muß?) man die Kirche verlasssen, um einen christlichen Lebensstil verwirklichen zu können? (anti-, außerkirchlicher Zugriff)

5. Gibt es Maßstäbe (woher zu nehmen/wie begründbar?), an denen Kirchenkritik zu messen und mit denen Neuorientierung zu gewinnen ist? (ekklesiologischer Zugriff)

2.3.2 Phase der Erarbeitung (Wissenschaftsorientierung)

Im Rahmen der Problemfindungsphase wurden 5 Zugriffsmöglichkeiten herausgearbeitet:
- der konfessionskundliche Aspekt
- der ökumenische Aspekt
- der gesellschaftlich-politische Aspekt
- der antikirchliche Aspekt
- der ekklesiologische Aspekt

Aus diesen 5 Zugriffsmöglichkeiten (!) ergeben sich nun auch didaktische Perspektiven zur unterrichtlichen Gestaltung. Es wäre möglich, 5 Teilsequenzen zu konstruieren und diese dann sachlogisch (entsprechend der Fragerichtung der Schüler) miteinander zu verknüpfen. Denkbar und didaktisch sinnvoll wäre auch die Konzentration auf einen Aspekt, der dann entsprechend breit bearbeitet werden könnte. Hier sollen keine Entscheidungen vorweggenommen werden. Es geht allein um die Möglichkeiten (!) der inhaltlichen Füllung der 5 Teilsequenzen:

- Materialien zu Teilsequenz 1

  Ist die Freikirche/Basisgemeinde die Kirche von morgen?

  T 173 Wolfgang Huber: Volkskirche
  T 178 Kirchenkanzlei der EKD: Die Organisations. d. EKD
  T 169 F. Litell/E. Geldbach: ... die obrigkeitliche Einführung der Reformation (für hist. interes. Kurse)
  T 180 Sekretariat der VEF: Freikirchen in der BRD (unbedingt freikirchlichen Pastor einladen/Gottesdienst besuchen/etc.) Wichtig: Taufverständnis!

(Materialhinweis: Eckehardt Knöpfel: Kirchen-Freikirchen-Sekten. Verlag Schöningh Paderborn / Reihe Anstoß und Information / hier Materialien zu allen Freikirchen)
T 177 Christliche Denominationen in der BRD (siehe auch T 184)
T 196 Leonardo Boff: Prophetische Kirche als Werkzeug ...
T 200 Martin Lange: Basisgemeinde San Isidro ...
Abschlußdiskussion: Volkskirchen und Freikirchen repräsentieren mehr als nur verschiedene Organisationsformen!?

- Material zu Teilsequenz 2
  Die eine und die vielen Kirchen
  T 176 Kath. Erwachsenenkat.: Die Kirchen und die ökumen. Bewegung
  T 174 Karl Rahner: Die positive Bedeutung ev. Christentums
  T 182 Der Ökumenische Rat der Kirchen
  T 183 Die Bedeutung des Ökumenismus
  Abschlußdiskussion (Teil C): Ökumene konkret in der BRD am Beispiel der RU: Inwiefern sind die "Modelle" einlösbar? Durchsicht und Aufnahme von Richtlinien und Schulwirklichkeit des ev. und kath. RU der SII.

- Material zu Teilsequenz 3

  Aspekte zur Weltverantwortung der Kirche

  T 185 Dietrich Bonhoeffer: Über die Möglichkeit des Wortes der Kirche an die Welt
  T 192 Dorothee Sölle: Die neuen Funktionen pol. Theologie

  Konkretionen an Einzelbeispielen:

  T 259 Wort der EKHN zur Startbahn West
  T 195 Heinz-Georg Binder: Kirche und ... Entwicklungshilfe
  T 186/7 Kammer der EKD für soz. Ordnung: Arbeit(slosigkeit)
  T 188 Moderamen des Ref. Bundes: Friedensverantwortung
  T 196 Leonardo Boff: Prophetische Kirche
      (Dieser Text soll Umsetzungsmöglichkeiten sichtbar werden lassen/Handlungsdimension!)

- Material zu Teilsequenz 4

  Ohne Kirche glauben?

  T 158 Schmidt-Kaler/Böll: Warum haben Sie die Kirche verlassen?
  T 190/1 Camillo Torres: Revolution der Liebe (Kirche zeitweilig verlassen)
  Außerhalb der Kirche an Gott glauben: Exkurs Judentum Texte/Materialien über Stichwortregister S. 485)
  T 28 Glauben (als Existenzweise ohne Kirche?)
  Wollte Jesus eine Kirche? Wie "kam" es zur Kirche (Acta 2)?
  (Zum Thema Kirche und Heiliger Geist (Begeisterung in der Kirche)
  T 162 Eduard Schweizer: Der Geist baut Gemeinde).

- Material zu Teilsequenz 5

  Kirche: Anspruch und Wirklichkeit

  T 159 Kath. Erwachsenenkat.: Kirche in der Geschichte
  T 160 Confessio Augustana: Communio sanctorum
  Bibel Acta 2, 42-47/Mt. 18, 15 ff/1. Kor. 12, 12
  T 163 Jürgen Moltmann: Die Kennzeichen der Kirche
  T 161 Walter Kreck: Ich glaube die Kirche (Ausschnitt)

  Nach Texten, die "Anspruch repräsentieren, sollte die kirchliche "Wirklichkeit" zu Wort kommen:

T 157 Helga Frisch: Kirche im Abseits (Wiederaufnahme!)
T 184 Stammbaum der Konfessionen (Realität der Spaltung!)
S.324 Europas Christen müssen reicher werden ...
S.351 Kirche im Dritten Reich

Abschlußdiskussion (Teil C): Wie läßt sich heute Anspruch und Wirklichkeit zur Deckung bringen?

2.4 Bebauen und Bewahren. Aspekte christlicher Umweltethik (UR 15)

2.4.1 Problemfeldbeschreibung und Problemfindung

Der Schülerband bietet mehrere Materialien, die eine Problemfeldbeschreibung möglich machen:

- eine Karikatur von Giebeler (S.434)
- die vier Endzeitkurven (T 250 / S.432)
- Udo Krolzik: T 253 / S.434-435

Darüberhinaus finden sich in jeder Illustrierten/Tageszeitung aktuelle Materialien zur "Lage der Schöpfung". Hier gilt es, Schüler auf das Naheliegende zu verweisen. Wer weitere Materialien sucht, sei auf das Umweltbundesamt (Bismarckplatz 1, 1000 Berlin 33) verwiesen. Hier gibt es kostenlos (evtl. auch im Klassensatz) Material zur ökologischen Thematik.

Wegen des Aspektenreichtums soll in diesem konkreten Fall die Karikatur auf S. 434 am Anfang der UR stehen. Als Arbeitsauftrag wäre folgender Impuls denkbar:

"Welche Fragen zur Lage der Schöpfung wollte der Künstler mit dieser Karikatur stellen?"

In der folgenden ein- bis zweistündigen Sammel- und Problemfindungsphase dürften die Schüler - unter Einbringung ihres ökologischen Vorwissens - folgende Beiträge liefern:

- Was hat die Umweltkrise (Verbrauch unserer Erde/Baggerloch!) mit der biblischen Schöpfungsgeschichte zu tun?
  Haben die Menschen (Christen/Juden) den biblischen Schöpfungsauftrag falsch verstanden/zu wörtlich genommen/ist es gar ein zerstörerischer/lebensfeindlicher Auftrag?
  Hängen gar Umweltkrise und Schöpfungsauftrag ursächlich zusammen? (Biblischer Zugang)
- Ist die Erde/Schöpfung bald am Ende? Steht mit der Krise der Schöpfung auch der Schöpferglaube in einer Krise? Steht Gott nicht mehr zu seiner Schöpfung?
  Gilt die nachsintflutliche Verheißung nicht mehr (Gen.9, 8ff.)? (Theologischer Zugang/Schöpfergott)
- Welches Verhalten sollen Christen angesichts der Zerstörung von Schöpfung an den Tag legen? Wie sollen sie mit Technik umgehen? Welcher Preis ist für Fortschritt zu bezahlen? Was ist überhaupt Fortschritt? Wie können Christen der Zerstörung Einhalt gebieten? (Ethischer Zugang)
- Welche "Funktion" hat der Mensch im Ganzen der Schöpfung? Darf er um seinetwillen zerstören? Welche Stellung hat er gegenüber der Mitwelt? Ist er die Krone der Schöpfung? (Anthropologischer Zugang)

2.4.2 Phase der Erarbeitung (Wissenschaftsorientierung)

Die in 2.4.1 dargebotenen erwarteten Schülerfragen sind bereits nach Problemfeldern geordnet, um die Korrelation mit wissenschaftlichen Texten zu erleichtern und um unnötige Komplikationen durch Problemüberlagerungen zu vermeiden. Es bieten sich m.E. aufgrund der erarbeiteten Zugangsmöglichkeiten vier Sequenzen an, die - alternativ! - zu unterrichten wären. Auswahlkriterium sollte primär das Interesse der Schüler sein.

- Umweltkrise - Folge des Schöpfungsauftrags? (Biblischer Zugang)
- Schöpferglaube und Umweltkrise (Theologischer Zugang)
- Solidarität mit der Schöpfung?! (Ethischer Zugang)
- Ist der Mensch die Krone der Schöpfung (Anthropologischer Zugang)

Zur wissenschaftlichen Konfrontation mit den erarbeiteten Ausgangsfragen bieten sich manche Texte durchaus mehrfach an, erhalten sie doch unter jeweils veränderten Fragebedindungen ganz spezifische Antwortmöglichkeiten.

- Materialien zur Teilsequenz 1

Umweltkrise - Folge des Schöpfungsauftrags?

T 251 Carl Amery: Umweltkrise als Folge des Christentums
T 252 Udo Krolzik: Umweltkrise - Folge des Christentums?
  Lektüre und Interpretation von Gen. 1 und 2 insb. 1,28, 2,15
T 254 Adolf Köberle: Verantwortung gegenüber Gottes...
T 258 Gerhard Liedke: Solidarität im Konflikt ...
  Konkretionen: Was machen Christen/Kirche heute mit dem
  "Herrschaftsauftrag"? z.B. Tierversuche (Material: Verein
  gegen tierquälerische Massentierhaltung, Teichtor 10 - 2305
  Heikendorf) oder T 259 (Startbahn West)
Weitere Materialien in: Eckehardt Knöpfel: Verantwortung für die
Schöpfung, Verlag Schöningh, Paderborn 1987

- Materialien zur Teilsequenz 2

Schöpferglaube und Umweltkrise

T 254 Adolf Köberle: Verantwortung gegenüber Gottes...
T 13 Jürgen Moltmann: Gottes Immanenz in der Welt
T 257 Erich Gräßer: Die falsche Anthropozentrik
Lektüre von Schöpfungspsalmen (Theozentrische Weltbild): Ps 8, 104, 148
Konsequenzen des biblischen Gottesverständnisses als Schöpfer:
Gerhard Liedke: Solidarität ... (T 258)

- Materialien zur Teilsequenz 3

Solidarität mit der Schöpfung?!

T 256 Jörg Zink: 4 ethische Modelle zur Umweltfrage
T 258 Gerhard Liedke: Solidarität im Konflikt zwischen...
T 255 Albert Schweitzer: Ehrfurcht vor dem Leben
Konkretionen der biblichen Umweltethik aufgrund lokaler Beispiele
(Lokalpresse/Umweltministerium des eigenen Bundeslandes/etc.)
S.436 Felix Hoffmann: Die Sintflut (Bildbesprechung/Sind wir bereit hinzuhören oder arbeiten wir aktiv auf die Sintflut zu?)

- Materialien zur Teilsequenz 4

Ist der Mensch die Krone der Schöpfung?

T 135 Global 2000 (oder: wozu Anthropozentrismus führt
T 257 Erich Gräßer: Die falsche Anthropozentrik
T 258 Gerhard Liedke: Solidarität im Konflikt zwischen ...
T 241 Yehuda Aschkenasy: Gottesebenbildlichkeit als Auftrag
T 253 Udo Krolzik: Östl. und westl. Naturverständnis (Zum Ver-
  hältnis von Mensch und Tier)
Siehe dazu auch T 217 (Vergleich Mensch - Tier) und die "Tierschutz-
adresse" in Teilsequenz 1

2.5 Hinduismus. Eine Einführung (Überlegungen zu UR 2)

(Christa Baron)

Anders als bei den vier bisher vorgestellten Unterrichtsreihen wird es bei
dieser und der folgenden (2.6) um eine erweiterte didaktische Fragestellung gehen; und dies insofern, als die in diesem Band vorgestellten didaktischen Prinzipien (Ringkompositionen - 1.3) hier einer ausführlicheren
inhaltlichen Fundierung bedürfen. Manche Materialien sind uns Europäern
so fremd, daß es je und je einer ausführlichen inhaltlichen Vorstellung und
Erklärung bedarf. Dieses Hineindenken und Fühlen in die östliche Religi-
onswelt unter Berücksichtigung möglichst authentischen Materials ist eine
Verknüpfung mit Abendländischem und die kritische Sichtung darf zwar im
RU nicht fehlen, wird aber hinter dem Aufnehmen zurückstehen müssen.
Ohne eine ausführliche unapologetische Kenntnisnahme ist eine sachge-
rechte Auseinandersetzung mit der Geisteswelt des Ostens nicht möglich.
Da der Hauptakzent dieser beiden Reihen im Erarbeitungsbereich liegen soll
(2. Phase der Ringkomposition), werden hier nur einige Textpassagen vor-
angestellt, die Probleme aufspüren helfen können (1. Phase der Ringkomposition). Sie sollen deutlich machen, daß eine Auseinandersetzung mit New
Age, mit den Gurus und den vielfältigen östlichen Einflüssen in Europa
nur dann sinnvoll ist, wenn eine möglichst exakte Kenntnis des Hinduismus
und des Buddhismus vorausgesetzt werden kann.

2.5.1 Einführungstext in die Hinduismus-/Buddhismus-Reihe

Reeder Kranenborg: Hinwendung zum Osten

"Hinwendung zum Osten

Es gibt heute zahlreiche Gruppen und Zentren, die sich mit Meditation
beschäftigen. Ein Überblick beispielsweise über religiöse und spirituelle
Bewegungen in einer holländischen Zeitschrift illustriert das: In der Be-
schreibung der vielerlei Gruppen begegnet man immer wieder dem Wort
"Meditation". In einigen Fällen handelt es sich dabei um Meditationszen-

tren, die auf christlicher Basis arbeiten (vor allem römisch-katholische Klöster), meistens aber wird Meditation mit der Überlieferung des Ostens verbunden. Einige Stichproben:

Da wird Meditation mit Pranayama-Yoga gekoppelt. Eine Meditationsgruppe "Eckehart" biete Hatha-Yoga an. In den Meditationszentren Bagwan Shree Rajneeshs verbindet man westliche Therapien mit Tai Chi Chuan, Kundalini-Yoga und tantrischen Übungen. Ein bekanntes Meditationszentrum in Amsterdam bietet mehrere Arten von Yoga an, außerdem Tai Chi Chuan, buddhistische Vipassana-Meditation, Zen usw. Es gibt eine Gruppe namens Kriya-Yoga-Meditation. Schließlich ist die Transzendentale Meditation da, die nach ihrer eigenen Aussage nichts mit Religion zu hat hat, aber trotzdem den Ausdruck Meditation weiterbenützt.

Alle diese Meditationsarten werden ganz verschieden praktiziert: (...) Diese Unterschiede mögen jetzt unberücksichtigt bleiben. Hier geht es darum, daß alle diese Gruppen, die zum großen Teil westlichen Ursprungs sind, sich dem Osten zuwenden und eine Verbindung namentlich zum Hinduismus und ganz speziell zum Yoga herstellen.

Wie eng aber ist diese Verbindung wirklich? Das wird man in jedem einzelnen Fall untersuchen und beurteilen müssen. Manchmal hat man den Eindruck, daß kaum eine echte Beziehung zum Osten besteht, daß man vielmehr einen Ausdruck wie Yoga einführt, weil er Mode ist oder weil er sich gut verkauft. In anderen Fällen wird offenbar der therapeutische Aspekt einer östlichen Methode aufgegriffen und mit einer westlichen Psychologie oder Psychotherapie verknüpft, es findet also eine Art Inbesitznahme östlicher Elemente statt.

Einige der Meditationsbewegungen sind aus dem Osten selbst gekommen und haben einen Hindu oder Buddhisten als Führer. Bei zwei der bekanntesten von ihnen, der Transzendentalen Meditation und der Bewegung Bhagwan Shree Rajneeshs, kann man sich des Eindrucks nicht erwehren, daß die Gurus ihren Hinduismus ganz beträchtlich westlichen Bedürfnissen und Wünschen angleichen. Die Frage stellt sich also: Wie "östlich" sind die westlichen Meditationsbewegungen wirklich? Eine Antwort ist erst möglich, wenn man über die Meditation im Osten selbst Bescheid weiß."[1]

---

1) Christus und die Gurus: Lothar Schreiner; Michael Miltenberger (Hrsg.) Stuttgart, Kreuz-Verlag

2.5.2 Einführung in den Hinduismus

Begründung des Themas: "Die abendländische Kultur ist mehr von der Reflexion, die asiatischen Kulturen sind mehr von der Meditation bestimmt. Die Begegnung beider erscheint mir manchmal als das eigentliche weltgeschichtliche Ereignis der gegenwärtigen Jahrhunderte." (C.F.v.Weizsäcker, Der Garten des Menschlichen, München 1977, S.434).

Die Sechste Vollversammlung des ÖRK in Vancouver 1983 bezeichnet den Dialog "als gegenseitiges Wagnis, einander und der Welt Zeugnis zu geben in bezug auf verschiedene Auffassungen von der letzten Wirklichkeit", erwartet von ihm einen Erkenntniszuwachs "über das Wirken Gottes in der Welt" und möchte dabei "die Einsichten und Erfahrungen, die Menschen anderen Glaubens von der letzten Wirklichkeit haben, um ihrer selbst willen wertschätzen". (Current Dialogue 6, 1984 WCC Geneva, S.15)

Daß der interreligiöse Dialog von der deutschen Theologie noch weitgehend marginal behandelt wird, liegt daran, daß Mehrheitsverhältnisse auch Machtverhältnisse sind. Noch prägt die Struktur der zerfallenden Volkskirchen die Theologie. "Und es besteht die Gefahr, daß die ökumenische Entwicklung, wenigstens für diesen Bereich, an den deutschen Kirchen vorbeigeht. Das wäre jedoch für beide Teile ein schwerer Schaden. Für die deutschen Kirchen, weil sie immer mehr in die Provinzialität hinein geraten würden; und für die Ökumene, weil sie das reiche geschichtliche und theologische Erbe der Kirchen Deutschlands braucht." (Michael Miltenberger: Denkpause im Dialog. Perspektiven der Begegnung mit anderen Religionen und Ideologien, Frankfurt a.M. 1978, S.141)

"Die Entkirchlichung und der platte Materialismus, der zum Teil auch das kirchliche Leben erfaßt hat, ruft nach einer grundlegenden Neubesinnung (...) "Sekten und Jugendreligionen" - wir erachten diese gängigen Bezeichnungen als inadäquat - mit asiatischem und letztlich indischem Hintergrund gewinnen in den "christlichen" Ländern zunehmend an Einfluß. Die Gründe dafür sind vielschichtig. Ein Gesichtspunkt ist jedenfalls, daß sie auf den erwähnten Materialismus (und die Fragmentierung) mit einem für Europa scheinbar neuen Geist und Gemeinschaftskonzept antworten wollen. Will man die Phänomene verstehen, muß man die Hintergründe kennen, und zwar nicht in polemischer Verzerrung, sondern unter dem Maßstab ihres Selbstverständnisses. So ist uns die Aufgabe gestellt, die indischen Religionen und besonders das, was mit indischer Meditation und Yoga gemeint ist, zu studieren und zu verstehen". (Michael von Brück, Einheit und Wirklichkeit, Kaiser Traktate 18, Kaiser Verlag, München 1986, S.17)

Letzteres ist eine anspruchsvolle Aufgabe, die in dieser Studienreihe nur begonnen werden kann. Wichtig ist, von vorneherein in einem Geist der Achtung vor den religiösen Überzeugungen anderer, in diesem Fall der Hindus und Buddhisten, in einem Geist der Offenheit und der Dialogbereitschaft zu arbeiten.

Folgerungen für den Unterricht: Aus Platz- und Zeitmangel muß man sich in dieser Einführungsreihe beschränken. Es kann nicht vermieden werden, daß die große Fülle und Komplexität des Hinduismus reduziert und leider auch teilweise verkürzt wird. Fortfallen sollten alle folkloristischen und auch die sekundären Elemente (Verehrung der Kuh; Tempeldienst; das Kastenwesen und seine Kritik wird sehr kurz behandelt).

Entfallen mußte leider auch die Behandlung der Chakras. Dieses Thema geht über den Rahmen der Studienreihe hinaus.

Für uns wesentlich ist die Begegnung mit der lebendigen, ungebrochenen Spiritualität der asiatischen Religionen. Das Hauptziel der Unterrichtsreihe ist daher die Herausarbeitung der Grundzüge eben dieser Spiritualität. Überdies kann am Hinduismus klar herausgearbeitet werden, was unter Meditation und Mystik zu verstehen ist. Es kann neues Licht auf mystische Strömungen im NT fallen (Paulus) und Interesse geweckt werden für die christliche Mystik des Mittelalters.

Außerdem ist die Hinduismus-Reihe eine gute Vorbereitung für die Behandlung des Buddhismus, der als Hochreligion mit außerordentlichem Anspruch sich auch im Westen auszubreiten beginnt (Zen) und vielleicht der bedeutendste Partner der Christen im Dialog der Religionen ist.

Aus diesem Hauptziel ergeben sich folgende Schwerpunkte der Unterrichtsreihe:

1. Text 57 Rigveda: Weltentstehung; zyklische Grundstruktur
2. Text 59 Upanishaden: Mystische Einheitserfahrung Atman-Brahman
3. Text 60 Bhagavadgita: Bhaktimarga; liebende Hingabe an Krishna-Vishnu
4. Text 63/64: Yoga als Weg der Vereinigung mit dem Göttlichen

Die ersten drei Texte sind in zeitlicher Reihenfolge geordnete Primärquellen; die Texte zum Yoga stellen den heutigen Stand der sehr langen und komplexen Entwicklung dar.

In allen Texten geht es um die Erlösung, die als Vereinigung mit dem Göttlichen und als Rückkehr zum göttlichen Ursprung verstanden wird.

Außerdem wird der Frage des spirituellen Lehrers einige Zeit und Mühe gewidmet (Guru). In Indien ist es selbstverständlich, daß ein Mensch, der sich auf dem Weg befindet, in einem bestimmten Entwicklungsstadium der geistlichen Führung bedarf. Diese Lehrer werden hochgeehrt.

Wie in der Begegnung mit der Erwartungshaltung der Menschen des Westens das Lehrer-Schüler-Verhältnis verändert und korrumpiert wird, schildert Martin Kämpchen ausführlich. (siehe dazu S. 43-44)

Die einzelnen Nummern bezeichnen Unterrichtsschritte und nicht Stunden. Für manche Themen sind ganze Stundenkomplexe notwendig (z.B. Yoga).

2.5.2.1 Einleitung

Als Einstieg sollte ein aktueller Film (wie etwa vor einiger Zeit über Mahatma Gandhi), Video-Kassette etc. gewählt werden, weil dadurch die bestmögliche Motivation erreicht wird. Es sollte ein lockeres Gespräch folgen, Sammeln der Eindrücke und Fixierung einiger Schwerpunkte und Probleme.

2.5.2.2 Text 55 und Landkarte (GA)

Anhand des Textes können sich die Schüler ein erstes Bild von der ungeheuren Vielfalt und komplizierten Geschichte des Hinduismus machen, das der Lehrer allerdings ergänzen sollte:

Von ca. 3000 - 1500 v.Chr. blühte im Industal die sogenannte Indus- oder Harappa-Kultur, die eine Hochkultur mit zwei großen Städten, Mohenjo-Daro und Harappa, war, deren Bewohner ausgedehnte Handelsbeziehungen nach Sumer (Landweg) und Dilmun (Persischer Golf) unterhielten. Die Bevölkerung war dunkelhäutig (Drawiden). Es herrschte das Matriarchat und der Kult der großen Muttergöttin. Die Gestalt im Yoga-Sitz (Abb. S.97) zeigt, daß Meditation in Indien seit mehr als 4000 Jahren praktiziert wurde.

Ab 1500 wanderten die Arier in den indischen Subkontinent ein. Arya bedeutet gastfrei, edel. Es handelt sich um indogermanische Stämme, die zunächst den Iran besiedelten. Die Arier waren Halbnomaden: Hirten und Krieger. Sie gliederten sich in drei Kasten. Der indische Name für Kaste ist Varnashrama von varna - Farbe zeigt an, daß mit den Kasten eine Vorherrschaft der hellhäutigen Eroberer über die dunkelhäutige Urbevölkerung zusammenhing.

Nach Jahrhunderten durchdrang die Kultur der unterlegenen drawidischen Bevölkerung die Kultur der Einwanderer und verändert sie.

Herauszuarbeiten wären folgende Punkte:

1. Abschnitt: Epochierung und Definition des Terminus Hinduismus

2. Abschnitt: Hinduismus ist Volksreligion
3. Abschnitt: Gemeinsames Ziel: Erlösung aus der Kette der Wiedergeburten. Keine für alle verbindlichen Lehren. Größtmöglicher Individualismus. Prinzip der Integration.
4. Abschnitt: Drawidisches und arisches Erbe
   Die Begriffe Henotheismus, Pantheismus, Pan-en-theismus und Monotheismus sind zu klären.
   Atman-Brahman-Mystik, Karman - Samsara und Offenbarung im Hinduismus werden in den folgenden Stunden besprochen.
Die Texte über vedische Gottheiten und über Muttergottheiten mußten aus Platzgründen entfallen.
Zur Kali-Verehrung wird empfohlen: Romain Rolland: Das Leben des Ramakrishna, Rotapfelverlag Erlenbach-Zürich, Leipzig 1964, Kapitel II.

2.5.2.3 Die heiligen Schriften (Text 56)
Der Hindu macht die Grundunterscheidung zwischen <u>shruti</u>: was gehört, empfangen wurde - also der Offenbarung (Veden und Offenbarung) und <u>smiriti</u>: woran man sich erinnert. Diese Bücher gehen auf menschliche Anstrengung und Autorität zurück (GA at).
Die Bhagavadgita (vgl. S.98/99) ist zwar smiriti, hat aber bei den Hindus aufgrund eines Konsenses den Rang der Upanishaden.

2.5.2.4 Der Ursprung der Welt (Text 57)
Dieser Text aus dem Rigveda bildet den Höhepunkt der kosmogonischen Spekulation in den Veden und sollte eingehend behandelt werden. Es geht um die Fragen:
Wie kann aus Absolutem Bedingtes entstehen?
Ist die Polarität (Mann-Frau; Geist-Materie) ursprünglich oder auf ein einheitliches Prinzip zurückzuführen?
Wie kann man über den zeitlichen Anfang der Welt hinausdenken?
Der Text stellt einen tastenden, mehrdeutigen Versuch dar, unter Vermischung von anthropomorpher und philosophischer Redeweise die Entstehung des Seienden aus dem Nicht-Seienden zu beschreiben.
Absolutes Nichtsein
ein erstes Seiendes erwacht zum Leben:
1. aus einem Keim (Eidotter)
2. Bruthitze nötig
3. diese entsteht aus Begehren
4. Begehren entsteht aus Denken (Imagination)

Man könnte eine vorläufige Emanationskette aufstellen:

Nichtseiendes ▶ Seiendes ▶ Denken ▶ Begehren ▶ Hitze ▶ Keim ▶ atmendes Wesen

Später werden diese Vorstellungen zu einem System von 24 ausdifferenzierten Emanationsstufen weiter entwickelt. Am Anfang steht (1) Prakriti, Natur oder Materie. Sie besteht aus den drei Gunas oder Entwicklungskräften, die im reinen Urzustand im völligen Gleichgewicht stehen: 1. sattva: Güte, Licht, Leichtigkeit, Freude. 2. rajas: Leidenschaft, Bewegung und Anregung. 3. tamas: Finsternis, Trägheit, Schwere. Mit beginnender Evolution agieren diese drei Gunas gegeneinander und machen Differenzierungen möglich. In einer der wichtigsten der sechs philosophischen Schulen Indiens, der Samkhya-Philosophie, steht neben

Prakriti als zweite Kraft Purusha (Geist)

weiblich   männlich

Im Tantrismus werden Prakriti und Purusha als Frau und Mann personifiziert. Das Samkhya-System ist dualistisch, während die meisten Systeme monistisch sind.

Purusha - Geist - wirkt in dieser Vorstellung lediglich als Katalysator; er selbst bleibt völlig passiv.

Die weiteren Emanationsstufen sind hierarchisch gegliedert und werden hier aufgeführt.

Auf Prakriti folgen: Vernunft (2) als Organ der Unterscheidung, Ich-Bewußtsein (Ich und Außenwelt) (3), Sehen (4), Hören (5), Riechen (6), Schmecken (7), Fühlen (8), Verstand (Begriffsvermögen) (9), Augen (10), Ohr (11), Nase (12), Zunge (13), Haut (14), Kehlkopf (15), Hände (16), Füße (17), Ausscheidungsorgane (18), Zeugungsorgane (19), Äther (20), Luft (21), Feuer und Licht (22), Wasser (23), Erde (24).

Wichtig ist die Grundstruktur: Alle Dinge der Welt gehen nach Art einer Emanation vom Feinen zum Differenzierten und Groben und müssen am Ende einer Weltzeit wieder zum Einen zurückkehren (vgl. S. 99 Skizzen).

Der Mensch ist in diesen Kreislauf einbezogen. Das Absolute ist seine geistige Heimat, zu der er nach langem Suchen und Streben zurückkehren muß. Die Erlösung ist die Rückkehr zum Ursprung.

2.5.2.5 Die Kastenordnung (Text 58 und Skizze)

Durch die Vorstellung vom Urwesen Purusha läßt sich gut veranschaulichen, daß die Kasten einen lebendigen Organismus bilden:

Kopf	Brahmanen	sattva	Lehrstand	zweimal Geborene
Arme	Kshatryas	rajas	Wehrstand	(Einführungsritual)
	Könige und Krieger			
Schenkel	Vaishyas	rajas/	Nährstand	
	Ackerbauern und	tamas		
	Gewerbetreibende			

Füße	Shudras	tamas	dienender Stand (Urbevölkerung)

Außerhalb des Systems stehen die Unberührbaren (Parias), die Gandhi Haridjans (Kinder Gottes) nannte. Nur wenn alle Glieder zusammenarbeiten, ist der Leib funktionsfähig. Daher ist jede Kaste für den Organismus lebenswichtig. Befolgt der Mensch gewissenhaft die ethischen und rituellen Vorschriften seiner Kaste, so wird er in der nächst höheren Kaste wiedergeboren.

Die Existenz der Kastenlosen und die Aufsplitterung in zahllose Unterkasten sind allerdings ein großes Ärgernis und hemmen das Zusammenleben, so daß zunehmend Kritik am Kastenwesen geübt wird.

Eine der Neuinterpretationen sei hier wiedergegeben:

Das Symbol des Swastica verbindet in seiner Vierteilung Kosmogonie, Kasteneinteilung und psychische Befindlichkeit des Menschen. Es enthält die alte Vorstellung von den 4 Zeitaltern, die in einem langsamen Prozeß zunehmend verfallen. Wir befinden uns danach am Ende des eisernen Zeitalters, wo in der Zeit des größten Verfalls göttliche Kräfte in die Welt strömen, um sie zu erneuern, so daß der Kreislauf von neuem beginnen kann.

Mit den Zeitaltern nimmt die Fähigkeit der Menschen zum Guten ab (Abstieg der Kasten). Zugleich kann der Mensch in seiner seelischen Verfassung diese Kasten durchlaufen. Damit wurde die Kastenvorstellung von einer soziologischen Rangordnung zu einem innerlichen Prozeß umgedeutet.

2.5.2.6 Das Gesetz des Karma(n) (Text 61)

In dem Jadnjawalkja Gesetzbuch heißt es vom Lohn der Taten (133):

Das Reifen der Handlungen entsteht für einige nach dem Tode, für einige in diesem Leben, für einige hier und jenseits: ihr Zustand ist es, der dies bestimmt.

137: Wer den Geist kennt, rein, bezähmt ist, Buße übt, die Sinne zügelt, Tugend ausübt, die Kenntnis des Veda besitzt, dieser mit der Qualität der Wahrheit Begabte wird als Gott geboren.

138: Wer an nicht guter Tätigkeit Freude hat, unbeständig ist, vieles beginnt, an den sinnlichen Gegenständen hängt, dieser mit der Qual der Leidenschaft Begabte wird als Mensch wiedergeboren.

139: Der schläfrige, grausam handelnde, gierige, Gott leugnende, bettelnde, unbesonnene, verbotenem Wandel Ergebene, dieser mit der Qualität der Finsternis begabte (Mensch) wird als Tier wiedergeboren.

162: Denn wie der Schauspieler seinen Körper mit Farben bemalt und verschiedene Gestalten annimmt, so nimmt der Geist die aus seinen Taten entstehenden Körper an.

Durch seine Taten bestimmt der Mensch bewußt oder unbewußt seine nächste Existenz. Zwei Vorstellungen werden miteinander verknüpft:

1. Alle Taten des Menschen haben Auswirkungen (Karma)
2. Samsara: Umherirren, Seelenwanderung und Erscheinungswelt in der Vielheit des Werdens und Vergehens.

Die Seelenwanderung umfaßt Tiere, (bei einigen Sekten auch Pflanzen), Menschen, Geister und Götter, die nicht unsterblich gedacht werden. Der Karman-Gedanke wurde vom Jainismus und Buddhismus übernommen.

"Die Karman-Theorie besagt, daß jede Tat und ihre Wirkung einen unauflöslichen Zusammenhang bilden, also jede Tat ihre unvermeidliche Wirkung in sich trägt, so daß das gesamte Weltgeschehen als Netz von Beziehungen erscheint. Das karmische Netz hat keinen Anfang, wohl aber ein Ende. Die zeitliche Existenz geht dann ihrem Ende entgegen, wenn alles karman aufgebraucht ist, weil die das Zeitliche transzendierende Wirklichkeit von atman/brahman erkannt wurde.

Die phänomenale Welt ist gekennzeichnet durch den kosmischen Zusammenhang aller Dinge im karman; jede Wirkung, jedes Ereignis ist verwoben in den Gesamtzusammenhang. In jeder Tat steckt notwendigerweise eine bestimmte Wirkung, die nicht verlorengeht. Die Gegenwart ist somit Folge der Vergangenheit, und Zukunft ist nichts anderes als Explikation des gegenwärtigen karman. Karman ist unerschöpflich, und somit entsteht der Eindruck einer kreisförmigen Zeitbewegung.

Daß die Wirklichkeit dem karman unterworfen ist, bedeutet, daß es in diesem Bereich keine absolute Freiheit gibt. Karman ist weniger ein universales Gesetz, dessen Struktur statisch wäre, sondern die akkumulierte Kraft der Gewohnheit, die ihre Eigengesetzlichkeit im Verlauf ihrer Wirkung entwickelt. Wenn eine Handlung (z.B. das Rauchen) ständig wiederholt wird, ist die Folge davon, daß die Wahrscheinlichkeit zunimmt, mit der sich das Handlungsmuster entsprechend der Gewohnheit verstärkt - man wird dann das Rauchen immer schwerer aufgeben können. Nicht nur im

Bereich menschlichen bewußten Handelns schafft habituelle Disposition un- umkehrbare Strukturen, sondern die Gesetzmäßigkeit der Wirklichkeit als solche beruht auf dem Werden des karman. Karman kann somit als das for- mende Prinzip schlechthin gelten, das den materiellen wie den geistigen Bereich betrifft. (...)

Die im karman eingeprägten Handlungspotentiale müssen ausgeglichen wer- den. Da dies nicht in diesem Leben allein möglich ist, besteht die Mög- lichkeit zu besserer Wiedergeburt für den Fall, daß Verdienste und gute Taten, zu schlechterer Wiedergeburt für den Fall, daß Strafe und schlech- te Taten abgegolten werden müssen. Die Karman-Theorie ist der wichtigste Grund für die Lehre vom samsara und der Wiedergeburt." (...)

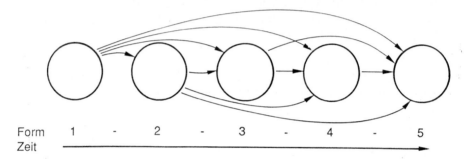

Form   1   -   2   -   3   -   4   -   5
Zeit ──▶

"Karman als formatives Element bestimmt das Individuum, hat aber trans- individuelle Konsequenzen. Es drückt die Geschichtlichkeit des Menschen aus und verweist gleichzeitig auf die transhistorische Bedeutung der Ge- schichte, insofern karmische Zusammenhänge über das Individuum, über die Spezies, letztlich über jede mögliche Form hinausragen." (...)

(Michael von Brück, Einheit der Wirklichkeit, Kaiser Traktate 18, S.88f., S.132f.)

Im Unterricht sollte der Karman-Begriff in seiner personalen und transper- sonalen Bedeutung herausgearbeitet werden. Es ist eine Form, die Verant- wortlichkeit des Menschen auszudrücken. Es wäre reizvoll, sie mit der christlichen zu vergleichen (2. Kor. 5,10).

Daß wir uns durch unsere Taten selber mitformen, ist eine Erfahrung, die wir alle machen und mit Beispielen belegen können.

Vorbemerkungen zu 7. Shivas Tanz: Vishnu, Shiva, Shakti

1. Vishnuismus:

In den Veden gilt Vishnu als Schöpfer und Erhalter des Universums. Be- rühmt sind die Darstellungen, die ihn auf dem Urozean auf der tausendköpfigen Weltenschlange liegend zeigen (Schöpfung im Ruhezustand). Die Vishnuanhänger glauben, er habe sich im Laufe der Weltzeit in verschiedenen Tier- und Menschengestalten verkörpert, um die gestörte Weltordnung (Dharma) wiederherzustellen. (Avataras - Herabsteigen) Als 7. Inkarnation gilt Rama, der Held des Ramayana (S. 100 Punkt 2). Die 8. und bedeutendste ist Krishna, der Held des Mahabharata (vgl. S.98/99 Bhagavadgita).

2. Shivaismus:

Shiva geht auf den vedischen Gott Rudra und andere Einflüsse zurück. Sein Charakter wird ambivalent dargestellt: 1. er ist der Zerstörer (Zeit und Tod). 2. Er ist der große Asket und Patron der Asketen (langes Haar, flatternd mit Schlangen, deren Herr er ist, oder Asketenhaarknoten). Auf der Stirn hat er das dritte Auge (Weisheit). Er wird auch halb als Mann und halb als Frau dargestellt und bezeichnet in dieser Harmonie den idealen Menschen.

Verehrt wird er häufig in Form des Lingam (Phallus). Sein Begleittier ist der Stier Nandi. Eins der Attribute ist der Dreizack (Trishula): Symbol der drei Aspekte: Schöpfer, Erhalter, Zerstörer.

Das Nebeneinander von Vishnu- und Shivatempeln und -verehrung stellt in Indien kein großes Problem dar, da andere Götter immer als Emanation des einen Absoluten, das sich als Gott mit Attributen manifestieren kann, angesehen werden können.

3. Shaktismus:

Schon in der Induskultur wurde die große Muttergottheit verehrt. Die weiblichen Gottheiten wurden in den Hinduismus integriert, indem sie als Shakti (Kraft) eines männlichen Gottes galten, mit dem sie zusammen dargestellt und verehrt wurden. So gehören zusammen:

Brahma und Savâsvati: Vishnu und Lakshmi; Shiva und Párvati.

Besonders bekannt ist der Kult der Göttin Kali (vgl. Ramakrishna Kap. II unten a.a.O.). Kali ist als Verkörperung der Natur zugleich dämonisch-zerstörerisch und die große Mutter. Ramakrishna erlebte auch sie als Emanation des Absoluten ohne Eigenschaften, das die letzte Erkenntnisstufe darstellt.

Über die ersten Emanationsstufen sollte der Lehrer folgende Information geben:

1. Brahman - der Gott ohne Attribute, unbeschreibar, undenkbar

2. Er manifestiert sich als Ishvara (der Herr), als Gott mit Attributen. Dieser wirkt in dreifacher Weise:

Brahma	Vishnu	Shiva
Schöpfer	Erhalter	Zerstörer
		als solcher hat er eine reinigende Funktion: alles Verfaulte und Erstorbene wird entfernt. Verfall und Tod sind notwendige Stadien im Lebenszyklus.

Man kann auch die berühmte Trimurti-Plastik im Höhlentempel von Elefanta bei Bombay in dieser Weise deuten.

2.5.2.7 Bildbetrachtung: Shiva nataraja (S. 101)

Zusätzlich zu den Erläuterungen auf S. 100 seien noch folgende Hinweise gegeben:

Shiva als kosmischer Tänzer verkörpert und manifestiert die ewige Energie als Schöpfung, Erhaltung, Zerstörung (obere Ebene)

Verhüllung (Spiel der Maya) - symbolisiert durch den auf Trägheit und Vergeßlichkeit gesetzten Fuß

und Gunst bzw. Friedensgewährung (dritte Hand).

Shiva nataraja ist ein archetypisches Symbol des gesamten kosmologischen Prozesses. "Die Trommel in Shivas rechter Hand symbolisiert die kreative Vibration (...), durch die das Bewußtsein in die Manifestation eintrat, während das Feuer, das er in seiner linken Hand trägt, den ebenfalls ständigen Prozeß der Zerstörung dieser Welten repräsentiert. Der Flammennimbus, der ihn umgibt, ist das große Raum-Zeit-Kontinuum, in dem der gesamte Manifestationsprozeß stattfindet." (Karman Singh 21.5.88, Kongreß Geist und Natur)

Er inspirierte den Atomphysiker Fritjof Capra, so daß er den Tanz Shivas als Ausdruck der physikalischen Energien des Kosmos erlebte. (S.110)

Methodische Hinweise:

I. Bild S.101

    a. Einzelheiten (Arm- und Beinstellungen, Gegenstände) erklären

    b. die drei Ebenen: von unten nach oben

    c. das Bild als Ganzes (s.o.)

II. Bild und Text S.110 Nr. 65

    Beziehung zur modernen Atomphysik: Materie als Energie

Die Bildbetrachtung kann auch an anderer Stelle der Stundenreihe, als Zusammenfassung und Abschluß nach der Besprechung des Yoga eingesetzt werden.

2.5.2.8 Tat twam asi - Das bist du (Text 59)

Das Chandogya-Upanishad gehört zu den früheren Upanishaden. In dem berühmten "großen Wort" tat twam asi - das bist du ist die Essenz der Upanishaden ausgedrückt. Upanishaden heißt: nahe beim Lehrer sitzen. In geheimen Sitzungen wurden Lehren mündlich vom Meister an den Schüler weitergegeben.

Erläuterungen: Der Begriff "Selbst" des Textes ist die Übersetzung des Sanskritwortes Atman, das ursprünglich den Atem, die Seele, den Lebenshauch bezeichnete. Das Brahman - nicht zu verwechseln mit dem Gott Brahma - drückte die Zauberkraft des heiligen Wortes und Ritus aus. Später entwickelte sich das Wort zur Bezeichnung des eigenschaftslosen Absoluten, des ungeteilten Einen, des Urgeistes, dessen individuelle Verkörperung oder Spiegelung in der Einzelseele Atman genannt wurde. Die Begriffe können auch ausgetauscht werden (universaler Atman).

Zum Text 59: Der Text ist in Form der Belehrung des Brahmanensohnes Shvetaketu durch seinen weisen Vater Aruni gekleidet. Er stellt einen Versuch dar, das Unaussprechliche: die Wesensgleichheit von Atman und Brahman - in Worte zu fassen. Dies ist keine rationale Erkenntnis und auch keiner intellektuellen Argumentation zugänglich. Es handelt sich um eine mystische Erfahrung und Schau, die nur der Weise nach langer Übung und Entwicklung erlangt. Man könnte sie als ekstatische Identifikation mit dem Absoluten bezeichnen. An zwei Beispielen veranschaulicht Aruni, daß alles, was ist, von dem einen Brahman durchdrungen ist. 1. Der feine Stoff, der in den winzigen Kernen des Banyan-Baumes gar nicht mehr wahrgenommen werden kann, ist die Essenz des Alls, die alles, auch den Menschen, bestimmt. 2. Ähnlich wird das Wasser durch einen Salzklumpen salzig, obwohl man das Salz nicht mehr sieht. Auf diese Wahrheit kann man nur hinweisen, als Erfahrung ist sie nicht übertragbar, wie alle mystische Erfahrung und letztlich alle Lebenserfahrung.

Das Verhältnis von Brahman und Welt wird in der Geschichte des Hinduismus unterschiedlich bestimmt. Die Spannweite reicht von einem naiven Realismus bis zu der Auffassung, daß nur Brahman Realität hat und die sichtbare Welt Maya, Illusion, ist. Folgendes Bild könnte den Schülern helfen, den Tatbestand zu verstehen.

Am Anfang steht Brahman - im Bild als Lichtquelle zu veranschaulichen:

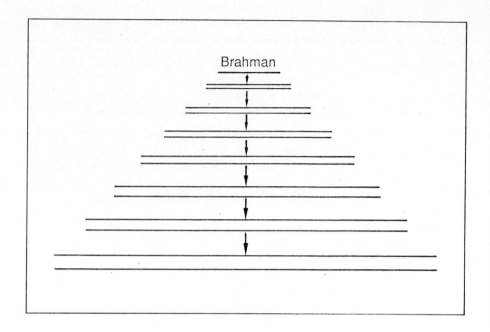

Brahman

Die einzelnen Emanationsstufen (vgl. Nr. 4: Weltentstehung) kann man sich wie Glasscheiben denken, die das Licht brechen. Von Stufe zu Stufe erscheint das Licht immer dumpfer und gebrochener. Die Menschen sehen die Wirklichkeit nicht unmittelbar, sondern nur gebrochen. Der Mensch, der in Unwissenheit lebt, hält die sichtbare Welt für die wahre Wirklichkeit. Auf der höheren Ebene der Erkenntnis schaut der Weise, daß volle Realität nur in Brahman zu finden ist und alles andere nur ein unablässiger Strom flüchtiger Bilder ist.

Methodische Hinweise:

Wie schon gesagt, ist die mystische Identität Atman-Brahman Schülern sehr schwer zu vermitteln. Darum wird später ausführlich auf den Weg des Yoga eingegangen. Darauf kann schon hingewiesen werden.

Der Gedanke der abgestuften Realität könnte für Schüler eine Hilfe sein. Es gibt dafür ja auch Beispiele aus dem Alltagsleben.

Eine weitere Hilfe ist der Hinweis auf das Weltentstehungsmodell.

Um Erlösung (moksha) zu erreichen, muß sich der Glaubende von allem Begehren und Anhaften an die Sinnenwelt lösen und Stufe um Stufe den Weg zurück zum absoluten Ursprung gehen.

Es sollte auch die Gelegenheit wahrgenommen werden, den Shiva-Aspekt des Gottes mit Attributen zu besprechen. Im Christentum wird der Zerstörungsaspekt Gottes und die Einbeziehung des Todes in den Lebenszusammenhang oft ausgeblendet. Ein Gespräch darüber dürfte hilfreich sein.

2.5.2.9 Der Weg der liebenden Hingabe an den persönlichen Gott (bhakti) (Text 60) (vgl. S. 103 Die drei Wege des Hinduismus: Bhaktimarga)

Erläuterung des Textes:

Arjuna stellt die Frage, was steht höher, die Verehrung des persönlichen Gottes oder das Bemühen, durch Meditation Vereinigung mit dem Absoluten zu erreichen?

1: Krishna-Vishnu antwortet folgendermaßen: die Verehrung des persönlichen Gottes steht höher.

3-5: Aber auch durch Meditation kommt man zu Gott. Nur ist der Weg schwieriger, weil das Ziel ungreifbar ist.

6-7: Leichter und natürlicher ist es, alle Energien, Willen und Gefühle auf den persönlichen Gott zu richten. Gott ist der Erretter. Wenn der Mensch Herz und Sinne ganz auf ihn richtet, so erhebt er ihn über den Ozean des Todes in den Bereich des Ewigen.

8: Wer so handelt, wird gewiß gerettet.

9: Wenn die Liebe zu Gott nicht spontan entsteht, so muß der Mensch Andacht, d.h. Konzentration praktizieren, um sich darin zu üben, den Geist ganz auf Gott zu richten.

10: Wem Konzentration als zu schwierig erscheint, der vollbringe Handlungen zum Lobe Gottes (Rituale und gute Taten).

11: Wem auch das zu schwierig erscheint, der verzichte auf den Lohn der Taten und vertraue allein auf Gottes rettende Kraft. Werde wie ein Kind in der Hand Gottes.

12: Die Rangordnung wäre demnach: Wissen - Praxis (der Konzentration) - Meditation - Verzicht auf die Frucht der Taten.

13-18: Hier werden die Eigenschaften der Verehrer Gottes aufgezählt.

19: Obwohl er seine sozialen Verpflichtungen erfüllt, ist er nicht an Familie und Heim gebunden, sondern er dient allen Menschen.

20: Zusammenfassung: Wer, frei von selbstsüchtigen Wünschen, in allem Gott erkennt, bei dem erfolgt die Hingabe seiner ganzen Natur an Gott und Liebe entsteht. So werden Menschen zu Kindern Gottes. Ihr Leben wird nicht mehr von den Kräften der Anziehung und Abstoßung bestimmt, von Freundschaft und Feindschaft, von Vergnügen und Schmerz, sondern von dem einzigen Verlangen, sich Gott ganz hinzugeben und der Welt zu dienen, die ja eins ist mit Gott.

Vgl. hierzu das Gedicht vom M.K. Gandhi, <u>Songs from Prison</u>, 1934, S.52:

Gewähre mir, oh Meister, durch deine Gnade

allem zu folgen, was gut und rein ist,

mit einfachen Dingen zufrieden zu sein,

meine Mitmenschen nicht als Mittel, sondern als Ziel zu gebrauchen,

ihnen standhaft zu dienen mit Gedanken, Worten und Taten;

niemals Worte des Hasses oder der Schande zu sprechen;

alle Selbstsucht und allen Stolz abzuwerfen;

nichts Böses über andere zu reden,

den Geist in Frieden zu haben,

von Sorge befreit, und weder durch Glück noch Leid

von dir weg in die Irre geleitet;

setze du meine Füße auf diesen Pfad,

und halte mich unerschütterlich darauf,

nur so werde ich dich zufriedenstellen und dir recht dienen.

(Übersetzung von Christa Baron)

<u>Methodische Hinweise</u>:

1. Textparaphrase
2. Herausarbeiten des Bildes dessen, der Gott liebend verehrt (Bhakta)
   Zusammenfassung eventuell anhand des Gedichtes von Gandhi
3. Vergleich mit ausgewählten Stellen des NT: (Mt 5, 3-16; Mt 6, 24-34)

2.5.2.10 Der wahre Lehrer (Text 62)

<u>Vorbemerkung</u>:

Jiva atman ist die individuelle Seele, Spiegelung des Einen; paramatma bezeichnet das Absolute, das im Text von Ramana Maharshi als Sarveshara personifiziert wird.

Auf der absoluten Ebene der vollen Erkenntnis gibt es nur einen ungeteilten atman, auf der relativen Ebene erscheint er in zweifacher (oder dreifacher) Gestalt.

In diesem Text geht es um Bhaktimarga (vgl. S.104-105).

<u>Zum Text</u>:

1. Der wahre Lehrer oder Guru ist das wahre Selbst (Jiva), der "Meister in dir".
2. Der Guru ist die menschliche Verleiblichung Gottes selbst oder der göttlichen Gnade. Er erscheint, wenn sich der Schüler in selbstloser Hingabe Gott zuwendet.

3. Zum Verhältnis von bhakti und jnana (Pfad der Erkenntnis) vgl. Text 60 und S.105: Drei Wege des Hinduismus, Weg 2-3).

Ergänzende Bemerkungen:

Ein wahrer Lehrer macht die Schüler vollkommen selbständig; er ist selbstlos darauf bedacht, dem Schüler zur Erkenntnis seines wahren Wesens zu verhelfen und sich damit überflüssig zu machen.

Anschaulich ist dies am Beispiel des Ramakrishna, dargestellt in Romain Rolland, das Leben des Ramakrishna a.a.O. Kap. III.

Martin Kämpchen (Ein Lehrbeispiel zum Thema "Guru": Bhagwan Rajnisch in Poona, S.46-53 (Auszug), in: Gertrude und Thoman Sartory: Die Meister des Weges in den großen Weltreligionen, Herder TB 847, Freiburg 1981) stellt das Verhältnis zum spirituellen Lehrer (Guru) in den Zusammenhang der indischen Lebensform und beschreibt anschaulich am Beispiel des Bhagwan Rajnisch, wie dieses Verhältnis im Zusammentreffen mit westlicher Erwartungshaltung und Lebensweise verändert und korrumpiert wird.

Kämpchen erwähnt die vier Lebensstufen der Hindus der drei höheren Kasten, die in den Upanishaden als Ideal entwickelt und später kodifiziert wurden. Sie sollen hier kurz skizziert werden:

1. Der Schüler (brahmachariya) wird im Alter von 8-12 Jahren durch eine Feier (Einführung in das Wissen) bei einem Guru als Schüler eingeführt und erhält die heilige Schnur (drei Strähnen, Symbol des Geistesfadens, mit dem alle Lebewesen unlösbar mit dem Brahmen verbunden sind). Der Lehrer unterweist die Schüler in den hl. Schriften und in einem Leben gemäß der Weltordnung (Dharma).

2. Hausvater (grihastha): Dieser Lebensabschnitt dauert von der Heirat bis zur Geburt des ersten Enkels (25.-50. Lebensjahr). Der Hausvater erfüllt in Ehe und Beruf seine Pflicht gegenüber der Gesellschaft. Er beachtet die Kastenregeln und übt Opfer und Riten aus.

3. Waldeinsiedler (vanaprastha): er übergibt das Erbe seinem Sohn, nimmt nur die Opfergeräte mit und zieht sich - oft von seiner Frau begleitet - in den Wald zurück, um sich ganz seiner geistigen Vervollkommnung zu widmen. Er ist in dieser Zeit noch Mitglied der Gesellschaft (50.-75. Lebensjahr).

4. Wanderasket (sannyasin): es ist das höchste Ziel eines Inders, ohne Bindung an die Gesellschaft, ohne Besitz, ohne Wünsche und Begierden, barfuß in den Himalaya zu pilgern und sich nur dem Streben nach Erlösung und der Vereinigung mit Gott hinzugeben. (75.-   )

Dieser Überblick bietet zwei Möglichkeiten: 1. Kämpchen will damit zeigen, daß der Ausdruck "sannyasin" und das Asketengewand, beides in Indien Ausdruck großer Entsagung und einer hohen Entwicklungsstufe, bei Rajnisch u.a. Lehrern zu Schleuderpreisen verramscht werden und er in Indien selbst völlig abgelehnt wird. 2. Die vier Lebensstadien sind ein sehr sinnvoller Versuch, weltliches Leben und Weltverantwortung mit religiösen Zielen zu verknüpfen. Uns ist solch eine Form verlorengegangen.

Es wurde einmal der Vorschlag gemacht, wieder eine Dreiteilung einzuführen:

1. Zeit des Lernens (1. Drittel)

2. Zeit der Weltverantwortung in Familie und Beruf (2. Drittel)

3. Zeit der Rückbesinnung auf die spirituellen Werte und der Vorbereitung auf den Tod.

Damit wäre eine Möglichkeit gegeben, die letzte Lebenszeit sinnvoll zu leben und Kindern und Jugendlichen Beispiele für ein Leben im Lichte der religiösen Wahrheit zu geben.

Als Information für den Lehrer sei noch ein Upanishad beigefügt. Die dazugehörige Deutung von Martin Kämpchen ist nachzulesen in: Gertrude und Thoman Sartory, Die Meister des Weges in den großen Weltreligionen, Herder TB 847, Freiburg 1981, S. 46 ff.

Die Bedeutung des Lehrers auf dem Weg zum Erwachen

"Die Chandogya Upanishad (VI, 14, 1-2) erzählt von einem Mann, der mit verbundenen Augen weit von seinem Heimatdorf weggeführt und an einer einsamen Stelle allein gelassen wurde. Der Mann beginnt zu schreien: "Ich wurde mit geschlossenen Augen hierhergeführt, ich wurde mit verbundenen Augen hier allein gelassen!" Da nimmt ihm jemand seine Binde ab und zeigt ihm die Richtung in seine Stadt. Der Mann fragt in jedem Dorf nach seinem Weg und findet schließlich zu seinem Haus zurück. Genauso, so fügt der Text hinzu, kann derjenige, der einen fähigen Lehrer hat, sich von den Binden der Unwissenheit befreien und schließlich die Vollkommenheit erreichen.

Fünfzehn Jahrhunderte später hat Sankara (788-820 (?)) diese Stelle aus der Chandogya glänzend interpretiert. Gewiß erklärt der berühmte vedantische Metaphysiker die Fabel aus dem Gesichtswinkel seines eigenen Systems, des absoluten Monismus. Doch arbeitet seine Exegese die ursprüngliche Bedeutung nur heraus und präzisiert sie. So laufen die Dinge für den Menschen ab, den Diebe weit vom Sein (vom atman-Brahman) entfernten und der mit der Falle dieses Körpers gefangen wurde. Die Diebe sind falsche Vorstellungen ("Verdienst", "Versagen" usw.). Seine Augen sind verbunden mit der Binde der Illusion, und der Mann ist von der Begierde gefesselt, die er für seine Frau, seinen Sohn, seine Freunde, seine Herde usw. hat. "Ich bin dieses oder jenes Mannes Sohn, ich bin glücklich oder unglücklich, ich bin intelligent oder dumm, ich bin fromm usw. Wie soll ich leben? Wo gibt es einen Ausweg? Wo liegt mein Heil?" So überlegt er, in einem riesigen Netz gefangen, bis zu dem Augenblick, in dem er denjenigen trifft, der sich des wahren Seins (Brahman-ātman) bewußt ist, der von der Sklaverei befreit, glücklich und dazu noch voller Sympathie für die anderen ist. Von ihm lernt er den Weg der Erkenntnis und die Eitelkeit der Welt kennen. Auf diese Weise wird der Mensch, der Gefangener seiner eigenen Illusionen war, von seiner Abhängigkeit von den Dingen der Welt befreit. Er erkennt dann sein wahres Ich, er versteht, daß er nicht mehr der Vagabund ist, der er zu sein glaubte. Er versteht im Gegenteil, daß er das, was das Sein ist, auch selbst ist. So werden seine Augen von der Binde der Illusion befreit, die durch die Unwissenheit (avidyā) entstand, und er ist wie der Mann aus der Fabel, der in sein Haus zurückkehrte, also das ātman wiederfand, voller Freude und Heiterkeit."[1]

2.5.2.11 Yoga (Texte 63 und 64)

Einordnung:

Man unterscheidet in Indien sechs philosophische Systeme. Die drei wichtigsten sind (vgl. S.110 Die Traditionsströme des Hinduismus):

1. Die Samkhya-Philosophie
2. Das Yoga-System
3. Der Vedânta (Ende des Veda), eine Auslegung der Upanishaden.

Die drei weiteren sind:

4. Nyaya (Logik)
5. Mîmânsa (Erörterung des Werkdienstes)
6. Vaosheshika (Naturphilosophie)

Es gibt eine Fülle von Yoga-Systemen, die man wiederum auf sieben zurückführen kann:

1. Hatha-Yoga (die meisten Yoga-Kurse bei uns gehören dazu)
2. Kundalini- oder Laya-Yoga (Schlangenfeuer). Durch Körperfunktionen soll die schlafende Energie geweckt werden.
3. Mantra-Yoga: Der Guru gibt dem Schüler ein ganz spezielles Mantra.

---

1) Mircea Eliade: Geschichte der religiösen Ideen. Bd. 2: Von Gautama Buddha bis zu den Anfängen des Christentums, Herder Verlag Freiburg-Basel-Wien 1979, S.47-48

4. Iñana-Yoga: System des Wissens (Bhagavadgita)

5. Karma-Yoga (Taten)

6. Bhakti-Yoga (Hingabe und Verehrung)

7. Raja-Yoga: ist eine Synthese von 1-6

Der indische Gelehrte Patanjali (2.Jh.v.Chr. oder 5.Jh.n.Chr.) hat in seinen Yoga-Sutras die bis dahin disparate Überlieferung in ein System von 8 Stufen gebracht. Er gilt als die Autorität auf dem Gebiet des Yoga. Seine Schule ist dem Raja-Yoga zuzurechnen. (vgl. S.107: Die 8 Stufen des Yoga).

Die 8 Stufen, die nicht nur ein Nacheinander, sondern ein Neben- und Miteinander beinhalten, sollen hier kurz beschrieben werden.

Man muß sich durch sittliche Zucht auf die Meditation vorbereiten (Stufe 1: negativ: ablassen: Stufe 2: positiv: etwas Gutes tun.)

1) Yama: enthält 5 Grundregeln:

    1. Gewaltlosigkeit in Gedanken, Worten und Taten

    2. Wahrhaftigkeit

    3. Keuschheit: anfangs müssen sexuelle Triebe befriedigt werden. Doch man wächst spirituell, und die Sehnsucht nach dem Reich Gottes wird stärker. Um meditieren zu können, muß man so viel Energie wie möglich bewahren.

    4. Nicht-Stehlen

    5. Nicht habgierig sein.

2) Niyama: 5 positive Gebote:

    1. Reinlichkeit: äußerlich, in bezug auf innere Organe (Diät) und geistig

    2. Zufriedenheit (sich nicht vergleichen)

    3. Einfachheit (Fasten; nutzloses Reden vermeiden usw.)

    4. Studium der hl. Schriften

    5. Hingabe

3) Asana: Körperübungen

    Alle Teile des Körpers sollen mit Prana versorgt werden, die Drüsen angeregt und die Wirbelsäule gelockert werden.

4) Pranayama: Prana ist einerseits die kosmische Energie und im Menschen die individuelle Form dieser kosmischen Energie.

    Atemübungen sind nur eine Vorbereitung für das Pranayama, das dazu dient, diese Energien zu kontrollieren und freizusetzen, besonders die kondensierte (Kundalini-) Energie an der Basis der Wirbelsäule.

5) Pratyahara: übersetzt: Zurückziehen. Die Übenden sollen den Geist von den Sinnesorganen abziehen, durch die sie an die Objekte gebunden werden, und den Geist ruhig stellen.

6) Dharana: Konzentration

Beständige ruhige Aufmerksamkeit, die in Versenkung (Absorption) übergeht.

7) Dhyana: ständige Konzentration in der Art eines ununterbrochenen Kontaktes oder Flusses der Erkenntnis vom Erkennenden zum Objekt hin.

8) Samadhi: In der Meditation wird der Prozeß der Weltentfaltung vom Kosmischen und Subtilen zum Individuellen und Groben umgekehrt und rückläufig.

Samadhi hat selber wieder verschiedene Stufen. Auf der höchsten Stufe erscheint die äußere Welt als Traum; das Bewußtsein der Einheit mit dem Absoluten ist das eigentlich Reale. Der Mensch ist in diesem Zustand, der nur von sehr wenigen erreicht wird, völlig selbstlos. Das kosmische Bewußtsein wirkt durch ihn; jedes Wort, jede Handlung dient dem Wohle aller. Ein Mensch, der diese Stufe erreicht hat, wird nicht wiedergeboren, er ist endgültig aus dem Sāmsara erlöst.

Bemerkungen zum Unterricht:

Dieser Teil der Unterrichtsreihe ist besonders wichtig, weil hier der Weg, der zur Einheit mit dem Absoluten führt, beschrieben wird. Daher wird zusätzliche Information gegeben und ein moderner Text (Nr.64) beigefügt, der mit wissenschaftlichen Kategorien die für westliche Menschen besonders schwer zu verstehenden drei letzten Stufen des Yoga erläutert.

Zu Text 63: Prof. Anantharaman ist Naturwissenschaftler (Metallurgie) an der Universität von Benares und hat als Brahmane dort das Yoga-Institut gegründet. Er hat das Arbeitsblatt zusammengestellt.

Arbeitsaufgabe (GA): Stellen Sie die Hauptaussagen des Textes über Yoga geordnet zusammen!

1. Wortbedeutung: von Sanskrit yuj (Joch) "vereinigen"

   a) Wie ein Joch zwei Ochsen zusammenbindet, so soll beim Yoga

      die Seele   mit   Gott

      das individuelle Bewußtsein   dem kosmischen Bewußtsein

      zu einer Ganzheit gebracht und vereinigt werden.

      Yoga ist Ursprung und Gegenwart, d.h. die Einheit steht am Anfang und ist Ziel.

   b) Totale Integration aller physischen, geistigen und spirituellen Aspekte der menschlichen Persönlichkeit (atheistische Schule)

   c) Dieser Zustand der Vereinigung wird als Frieden, Ruhe und höchstes Entzücken erfahren.

2. Yoga ist Ziel und Weg bzw. Praxis.

3. Yoga ist eine Wissenschaft.

   a) Ihr Inhalt ist die Tiefendimension des Menschen. In Indien wurde die Innenwelt so genau erforscht wie im Westen die Außenwelt.

   b) Abwehr einer falschen Sicht: Yoga ist nicht dunkel, sondern klar und von allen Menschen nachvollziehbar.

   c) Es ist die Wissenschaft der bewußten Evolution des Menschen. Der Mensch ist das Wesen, das seine eigene Höherentwicklung bewußt betreiben kann (Aurobindo: Supermind).

   d) Yoga umfaßt Materie und Geist und überbrückt den Graben zwischen den Naturwissenschaften und der religiös-spirituellen Dimension des Menschen.

In einem zweiten Teil erläutert der Lehrer die 8 Stufen des Yoga. Dies leitet über zu Text 64: die drei letzten Stufen.

Die schematische, vereinfachte Darstellung soll den Schülern einige Aspekte des Funktionierens unseres Bewußtseins klarmachen.

Es geht um 4 Punkte:

1. Was wir "Ich" nennen, ist weitgehend ein Bild von uns, das wir aufgrund von Erwartungen anderer und der Konditionierungen unseres Lebens entwickelt haben. Dies ist aber keine wahre Identität. Wir identifizieren uns statt dessen mit unserem Projektionsbild und verteidigen es.

2. Dieses Bild wird aus dem individuellen Unbewußten genährt. Solange wir im unklaren über diese unbewußten Prozesse sind, sind wir nicht frei.

3. Zeugenbewußtsein: bei fortschreitender Übung kann man feststellen, wie sich aus dem wahren Wesen (Selbst) die Fähigkeit entfaltet, die Bewegung des Geistes zu beobachten.

   Im Rigveda gibt es dafür folgendes berühmtes Bild: Zwei Vögel sitzen auf einem Baum. Der eine ißt die Früchte, der andere beobachtet ihn dabei. Die Beobachtung muß ganz neutral sein, ohne zu zensieren oder zu unterdrücken.

4. Das Ziel der Meditation ist zunächst, dieses individuelle Unbewußte aufzulösen, um frei zu werden und das Selbst wirken zu lassen. Es geht nicht um Individualismus, sondern um Individuation (C.G.Jung). Es gilt, den geschlossenen Kreis des Intellekts zu durchbrechen, damit Neues heraustreten kann (Ekstase), die neue Möglichkeit aus dem Kreis des immer Gleichen. Dies gibt eine unzerstörbare Identität.

Nach längerer Übung erlangt der Meditierende für einige Zeit Ruhe des Geistes (Theresa von Avila: Gebet der Ruhe). Der Mensch wird von tiefem Frieden erfüllt. Dies ist der erste Vorgeschmack der Auflösung von Subjekt und Objekt in der Verschmelzung mit dem Einen.

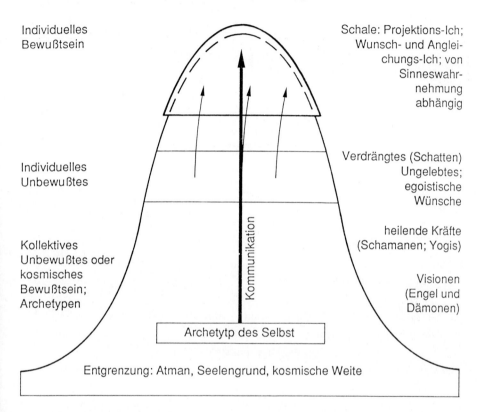

Individuelles
Bewußtsein

Schale: Projektions-Ich;
Wunsch- und Anglei-
chungs-Ich; von
Sinneswahr-
nehmung
abhängig

Individuelles
Unbewußtes

Verdrängtes (Schatten)
Ungelebtes;
egoistische
Wünsche

Kollektives
Unbewußtes oder
kosmisches
Bewußtsein;
Archetypen

heilende Kräfte
(Schamanen; Yogis)

Visionen
(Engel und
Dämonen)

Kommunikation

Archetytp des Selbst

Entgrenzung: Atman, Seelengrund, kosmische Weite

Das individuelle Unbewußte verhindert die Kommunikation von Selbst und individuellem Bewußtsein.

Das leere, "unschuldige" Bewußtsein ist wie ein unbeschriebenes Blatt und dadurch ruhig und klar. Jetzt kann die Stimme der Stille vernommen werden.

Williges Jäger ist Benediktinerpater und Zenmeister. Er hat große Erfahrung mit dem spirituellen Weg im Christentum.

Deshalb ist noch ein Text von ihm angefügt, in dem nach Theresa von Avila 6 Formen des Betens unterschieden werden: diese Formen gehen vom Bittgebet bis zum Gebet als Lebensform, als einer gelebten Hingabe an Gott.

Parallelen zur Meditation im Hinduismus können hergestellt werden.

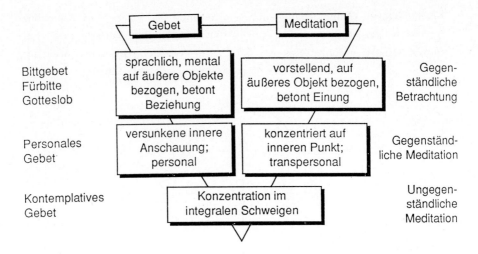

	Gebet	Meditation	
Bittgebet Fürbitte Gotteslob	sprachlich, mental auf äußere Objekte bezogen, betont Beziehung	vorstellend, auf äußeres Objekt bezogen, betont Einung	Gegen- ständliche Betrachtung
Personales Gebet	versunkene innere Anschauung; personal	konzentriert auf inneren Punkt; transpersonal	Gegenständ- liche Meditation
Kontemplatives Gebet	Konzentration im integralen Schweigen		Ungegen- ständliche Meditation

(Michael von Brück, Einheit in der Wirklichkeit, Kaiser Traktate 18, S.282)

Willigies Jäger: Formen des Gebets und der Meditation

"Theresia unterscheidet verschiedene Formen des Betens:
1. Mündliches Gebet
2. Mentales Gebet (andächtiges Gebet - inneres Gebet)
3. Meditation (Betrachtung, evtl. mit Lesung)
4. Gebet der Sammlung (aktiv oder passiv)
Nach dieser Form des Betens beginnt das eigentliche contemplative Gebet:
5. Gebet der Ruhe
6. Kontemplation - mystische Union.
Die ersten vier Formen des Betens bewegen sich noch auf der intellektuellen sensitiven Stufe. Wir versuchen mit Gott in Kontakt zu kommen über
unsere Sinne und unseren Verstand. In der Meditation arbeiten wir noch
mit unseren verschiedenen psychischen Kräften. Wir aktivieren Sinne und
Verstand, wenn wir eine Bildmeditation, Wortmeditation oder Musikmedita-
tion machen. Wir meditieren dann über etwas. Unsere Meditation hat einen
Inhalt. Es ist ein Weg zu Gott über Sinne und Verstand. Ganz sicher kann
auch die Meditation in tiefere Schichten unseres Bewußtseins führen.
Aber wir müssen uns darüber im klaren sein, daß es noch nicht um Kontemplation geht im Sinne von Theresia von Avila oder Johannes vom Kreuz,
solange das Objekt außen ist oder in unserer intellektuellen oder sinnen-
haften Vorstellung.

Tiefer als die Ebene des diskursiven Denkens und der Sinneswahrnehmung liegt eine noch umfassendere Ebene des Begreifens; die moderne Psychologie nennt sie die transpersonale Ebene. Auch von hier aus haben wir die Möglichkeit, mit Gott in einen tieferen Kontakt zu treten. Wenn diese transpersonale Erfahrung sich noch mehr erweitert, sprechen wir von der mystischen Ebene, der Ebene des Schauens oder der Kontemplation. Hier widerfährt dem Menschen etwas. Er kann nichts mehr aktiv machen. Kann man etwas tun, um auf eine solche Ebene des Erfahrens zu gelangen?

Alle Religionen haben Wege entwickelt, die in tiefere Schichten der religiösen Erfahrung führen. Auch uns Christen sind diese Wege bekannt. In den Schriften der Mystiker wird uns davon berichtet.

So schreibt z.B. Johannes v.Kr. in der Einleitung zu seinem Buch "Aufstieg zum Berg Karmel": Das Buch handelt davon, wie die Seele sich bereiten kann, um bald mit Gott vereinigt zu werden!(...)

Die Mystiker der verschiedenen Religionen und auch die Psychologen sprechen von zwei Polen in unserem Bewußtsein, sie sprechen vom Ich (Ego) und vom Selbst. Das Ich ist die Summe, der Brennpunkt der seelischen Kräfte: Denken, Fühlen, Wahrnehmen, Gedächtnisaktivität, Willensimpuls. Mit diesen Kräften unserer Psyche läßt sich aber das Selbst, unser wahres Wesen, nicht erfahren.

Das, was der Mensch sein Ich nennt, ist nicht seine wahre Mitte, sondern nur der Schnittpunkt dieser seelischen Kräfte, die ihm eine Permanenz seiner Existenz vortäuschen. Das Selbst dagegen ist die Wesensnatur des Menschen, die in der Mystik verschieden benannt wird als: Seelenfunke bei Eckehart, Grund bei Tauler, innere Burg bei Theresia von Avila. Es ist das, was in der mystischen Union erfahren wird. Es ist wohl auch das, was die Synoptiker mit "Reich Gottes" und "Himmelsreich" bezeichnen oder das Johannes-Evangelium mit dem Begriff "ewiges Leben".

Es geht also darum, durch unsere "Ich-Ebene" hindurchzustoßen, um auf die "Ebene" unseres Selbst zu gelangen. Solange unser Ich auf seiner "Ebene" aktiv ist, ist unsere Mitte, unser wahres Selbst, verdunkelt. Es ist so, wie wenn einer den Schlamm eines Teiches aufwirbelt und das Wasser damit undurchsichtig macht. Erst wenn sich unser Ich beruhigt hat, wenn sich alles abgesetzt hat, wenn es klar und durchsichtig geworden ist, können wir unsere Mitte, unser wahres Selbst, erfahren.(...)

Gleichzeitig mit dem Begreifen und Erfahren aus den Tiefendimensionen unseres Bewußtseins widerfährt uns auch ein tieferes Begreifen und Erfahren Gottes. Denn es geht ja bei diesem Weg um einen Gebetsweg, um einen tieferen Kontakt mit Gott. Jede tiefere Erfahrung wird auch zu einer tieferen Gotteserfahrung."[1]

2.5.2.12 Das Christentum und die Weltreligionen

1. Der Hinduismus: Der Hinduismus ist seinem Wesen nach tolerant; in ihm haben große Gegensätze Platz. Der große Mystiker Ramakrishna "realisierte" auf seinem Weg sowohl Mohammed als auch Jesus (vgl. Romain Rolland a.a.O. Kap. V S.75-80).

Der Hindu stellt sich das Transzendente wie flüssiges Magma vor, das aus unterirdischen Kratern in unterschiedlicher Stärke hervorbricht. Allerdings gelten die Veden immer als älteste und hervorragende Offenbarung.

2. Die katholische Kirche (Texte 206 und 207)

Papst Johannes Paul II. hat in seiner Ansprache in Manila 1981 den dringenden Wunsch nach Kontakt und Dialog mit außerchristlichen Religionen bekundet und sich sehr positiv über diese Religionen geäußert.

Gewöhnlich hält sich die katholische Kirche an das Modell der abgestuften Anerkennung, bei der die monotheistischen Religionen (Judentum und Islam) ganz oben stehen. Die ganze Fülle des Heils ist allerdings der katholischen Kirche vorbehalten.

3. Die evangelische Kirche (Text 207)

In der evangelischen Kirche ist die Frage des Verhältnisses zu den großen Weltreligionen noch kaum in Angriff genommen. Indem man Karl Barths Gedanken über "Religion als Angelegenheit des gottlosen Menschen" (vgl. Text 209), die in eine ganz andere geschichtliche Situation hinein gedacht waren und dort ihre Funktion hatten, als allgemeine theologische Glaubenssätze unkritisch übernimmt, erspart man es sich weitgehend, sich auch nur über Hinduismus und Buddhismus zu informieren, geschweige denn ein Gespräch zu führen. Es war auch hier Paul Tillich, der weit vorausschaute und schon früh öffentliche Diskussionen mit Zen-Meistern führte und diese auch in Japan aufsuchte. Im Text 207 versucht er ein Gespräch zu führen, indem er vom Telos-Begriff ausgeht.

---

1) Williges Jäger: Gebet des Schweigens, Otto-Müller Verlag, Salzburg 1984, S.12-13 und S.19-20

Das telos des Christentums:	Das telos des Buddhismus:
Erfüllung aller Menschen und Dinge im Reiche Gottes;	Einswerden aller Menschen und Dinge im Nirvana;
soziales und personalistisches Symbol;	ontologisches Symbol;
Leiden an den "Reichen dieser Welt" in der Geschichte und im persönlichen Leben;	Erfahrung der Endlichkeit, der Trennung, des Irrtums; transpersonale Kategorien
Welt Schöpfung Gottes, essentiell gut, Schuld und Sünde	Die endliche Welt ist die Welt des Leidens, Verstrickung in den Kreislauf von Selbstbehauptung, Blindheit und Leiden

Wenn, wie hier, Gemeinsames und Unterschiede klar herausgestellt werden, kann ein Gespräch sehr sinnvoll sein.

2.6. Buddhismus. Eine Einführung (Überlegungen zu UR 3)
(Christa Baron)

Zur Eröffnung dieser Unterrichtsreihe sei auf die Einleitung zu 2.5 Hinduismus verwiesen. Auch hier geht es wesentlich um Rezeption, ohne daß auf Transfer und Kritik verzichtet werden soll, aber bei Gegenständen, die so "weit" vom Schüler weg sind wie die Welt des Buddhismus, muß der Schwerpunkt auf der inhaltlichen Erarbeitungsebene liegen.

Vorbemerkungen:

Der Buddhismus ist aus dem Hinduismus hervorgegangen und hat vieles von ihm übernommen. Es ist eine große Hilfe, wenn vorher die Einführung in den Hinduismus behandelt worden ist. Vieles muß hier vorausgesetzt werden, weil weder Raum noch Zeit dafür zur Verfügung stehen, bzw. es muß entfallen: etwa die Mönchsregeln oder das Leben der Mönche und Nonnen. Es wird daher der in Nr. 1 erwähnte Film sehr empfohlen. Außerdem ist der Text einer Nonne (Nr.8) aufgenommen worden.

Fortfallen mußten auch Beschreibungen der Meditation. Es wird auf folgende Literatur verwiesen:

Karlfried Graf Dürckheim, meditieren - wozu und wie, Herder Verlag, Freiburg 1976

Karlfried Graf Dürckheim, Hara, Otto Wilhelm Barth Verlag, [11]1985

Die Bücher von Hugo M. Enomiya-Lassalle.

Schwerpunkte im Unterricht:

Im ersten Teil des Unterrichts wird die Lehre des Hinayana entfaltet, die für westliche Menschen hart und schwer zu schlucken ist: die Lehre vom Nicht-Ich, die Weltentsagung des Arhat, der Stück um Stück alles Anhaften in sich ausrottet, der Konditionalnexus.

Der Schwerpunkt liegt in diesem Teil auf der Ethik, dem achtfachen Pfad.

Im zweiten Unterrichtsteil - dem Mahayana Buddhismus - hängen die drei Schwerpunkte innerlich zusammen.

1. Das Bodhisattva-Ideal
2. Das Herz der vollkommenen Weisheit Sutra
   Ein Bodhisattva lebt in der Wahrheit dieses Sutra.
3. Die Ochsenbilder im Zen als Weg zur Erleuchtung

Im dritten Teil wird in der Interpretation des tibetischen Mandala in das Diamantfahrzeug oder den Vajrayana Buddhismus eingeführt.

Viele tibetanische Lamas und Rinpoches (hohe Inkarnationen) sind durch ihre Ausweisung aus Tibet ungewollt zu Missionaren geworden und bringen ihre reiches spirituelles Erbe, z.B. ihre Meditationspraktiken, nach dem Westen.

Hier bietet sich die Möglichkeit, die Brücke zu christlichen Mandalas zu schlagen und mit der Betrachtung eines solches Mandalas abzuschließen. Überblickt man die Schwerpunkte, so wird deutlich, daß hier wie schon bei der Einführung in den Hinduismus der Akzent auf den spirituellen Weg, auf die Essenz gelegt worden ist. Nur auf dieser Basis kann ein Gespräch in Gang kommen, das vielleicht einmal ein Dialog zwischen Christentum und Buddhismus werden kann.

2.6.1 Einleitung

Auch hier empfiehlt es sich, mit einem audio-visuellen Medium zu beginnen, da die Welt des Buddhismus uns immer noch exotisch und fremd erscheint. Ganz hervorragend ist der Film über das japanische Bergkloster, Eiheigi, der vom Bayerischen Rundfunk für das deutschsprachige Publikum bearbeitet wurde (Auskünfte über den BR, Postfach, 8000 München). Wenn dieser Film nicht zugänglich ist, muß der Weg über die üblichen Ton-Bild-Serien oder Filme (Videos) gewählt werden.

2.6.2 Gedichtvergleich: Wesenszüge des Ostens und der modernen westlichen Industriegesellschaft (Text 67)

Der japanische Gelehrte Daisetz Teitaro Suzuki galt als hervorragender Vertreter des Zen-Buddhismus. Er lehrte an der Yale-Universität.

Sowohl er wie auch Erich Fromm nehmen die abgedruckten Gedichte als Beispiel, um Besonderheiten in der Haltung des östlichen Menschen zur Natur und Welt herauszustellen.[1]

Basho	Tennyson
betrachtet die Blume	pflückt die Blume samt den Wurzeln
passiv, schweigend	aktiv, beredt
er fragt nicht	fragt: "wenn" ich verstehen könnte...
nimmt hin	widersteht
nicht getrennt	abgesonder von "Gott" und Mensch"
"absolute" Subjektivität	individualisierend
versunken: das beredte Schweigen	wissenschaftlich "objektiv", analy-
der Blume wird wahrgenommen	sierend
Gefühlstiefe	Intellekt

E. Fromm fügt hinzu: Haben-Modus: Besitz von Wissen. Beispiel für den Wissenschaftler, der die Wahrheit sucht, indem er das Leben zerstückelt. Goethe steht zwischen beiden. Er ging ohne Absicht spazieren. Auch er möchte die Blume besitzen. Aber sie ist für ihn lebendig: er hört, wie sie spricht und ihn warnt. Seine Liebe zum Leben ist größer als seine intellektuelle Neugier und so pflanzt er die Blume nur um.

2.6.3 Bild S.115 und Text S.114 unten: Ashoka-Kapitell und Ashoka-Edikt

a) Bildbetrachtung

Ein Beiname Buddhas ist Shakyasimha: der Löwe aus dem Geschlecht der Shakyas. So wird er auch oft auf dem Löwenthron sitzend dargestellt. Der Beiname bezieht sich auf seine Sprachgewalt. Wie der Löwe die lauteste Stimme unter den Tieren hat, so ist Buddha der vernehmlichste unter den geistlichen Lehrern. Die vier Löwen des Kapitells drücken dies sehr eindrucksvoll aus. (Zu den Einzelheiten s. Information zum Bild S.115 unten). Dieses Kapitell ist auf den Rupien abgebildet und ist das Staatssiegel der Republik Indien. Der Grund dafür ist in dem Wirken des Kaisers Ashoka zu sehen.

b) Das Edikt (Felseninschrift; Auszug)

Man könnte die Inschrift mit anderen Felseninschriften, etwa Darius I., vergleichen:

1) Vgl. zum Folgenden: Daisetz Teitaro Suzuki, Zen-Buddhismus in: Zen-Buddhismus und Psychoanalyse von Erich Fromm/Daisetz Teitaro Suzuki/Richard de Martino, Suhrkamp Taschenbuch 37, Frankfurt a. Main ^{5}1976, S. 11-13
Erich Fromm, Haben oder Sein, Deutsche Verlagsanstalt GmbH, Stuttgart 1976, S. 26-29

Darius	Ashoka
Siege und Eroberungen werden aufgezählt; unterworfene Völker abgebildet	friedliche Intention gegenüber seinen Grenznachbarn; Anweisungen in diesem Sinne; Sicherheit, Gerechtigkeit und Glück für alle Menschen

Ashoka war einer der großen Herrscher der Weltgeschichte, der Humanität im Innern des Staates übte und alle Aggressionskriege aufgab. Er schuf viele soziale Einrichtungen.

c) Die Bedeutung Ashokas für die Ausbreitung des Buddhismus (Text 71)
Bis zur Zeit Ashokas war der Buddhismus mehr oder weniger eine indische Sekte; erst der Kaiser verschaffte ihm Weltgeltung. Er verbreitete ihn in ganz Indien und brachte ihn nach Ceylon, Kaschmir und Gandhara und sandte sogar Missionare an die Höfe der griechischen Fürsten in Syrien und Mazedonien.

Er berief außerdem das dritte buddhistische Konzil nach Pataliputra (heute Patna) ein.

Etwa tausend Mönche rezitierten die alten Sutra-Sammlungen. Neun Monate lang wurde die Überlieferung gesichtet und in zwei Körben (später zu drei erweitert: Tripitaka) gesammelt.

In Ceylon wurden auch die bis dahin mündlich überlieferten Lehrreden Buddhas in der Pali-Sprache niedergeschrieben und heißen daher Pali-Kanon (1. Jahrhundert v. Chr.).

Als Sutra bezeichnet man einen Text, der den Anspruch erhebt, wörtlich von Buddha zu stammen. Die Sutren beginnen ausnahmslos mit den Worten: "So habe ich einst gehört ...". Sie gehen auf Ananda, einen der Schüler Buddhas, zurück, der gleich nach dem Tode Buddhas die Reden öffentlich rezitierte.

d) Die Ausbreitung des Buddhismus
Zwei Karten sollen einen ungefähren Eindruck von der Verbreitung des Buddhismus nach Ashoka vermitteln. Um 520 brachte Bodhidharma den Buddhismus von Indien nach China.

552 n. Chr. wurde der Buddhismus dann nach Japan übertragen.

In den südlichen Gebieten, besonders in Hinterindien, breitete sich der Hinayana oder Theravada Buddhismus aus; in den nördlichen Ländern: Korea, China, Japan der Mahayana Buddhismus (vgl. Text 74 und Text 82).

In Tibet entwickelte sich mit dem Diamantfahrzeug eine selbständige Form.

Zwischen den beiden abgebildeten Karten liegt natürlich das Vordringen des Islam.

Verbreitung des Buddhismus
um 650 n.Chr.

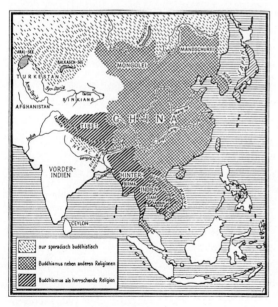

Verbreitung des Buddhismus
um 1900

(Helmuth von Glasenapp, Die fünf Weltreligionen, Eugen Diederichs Verlag, Köln 1972, S.93 und 98)

2.6.4 Das Leben Buddhas (Text 72 und Bild S. 118/119; dazu Text
S. 116 unten)

Das Bild S.118/119 stellt die Umzeichnung einer tibetanischen Thangka
dar. Eine Thangka ist ein Rollbild, das wie eine Ikone grundsätzlich religiöser Art ist und seinen Ort im Tempel hat. Es stellt eine aktive Me-
ditationshilfe in symbolischer Form dar.

Im ältesten Buddhismus wurde Buddha nicht bildlich dargestellt. An seiner
Stelle findet man den leeren Thron oder den Bodhi-Baum. Erst etwa 450
Jahre nach seinem Tod begannen die Buddha-Darstellungen, die im nördlichen Mahayana-Buddhismus und in Tibet eine besondere Bedeutung gewan-
nen.

Die Thangka stellt also ein sehr spätes Stadium der Darstellung des Lebens
des Buddha dar.

Arbeitsanweisung (GA): Stellen Sie die Informationen über das Leben
Buddhas, die Sie auf S.116 finden (Zur Biographie Gautamas), und die
Aussagen (Bild und Erläuterungen) auf S.118/119 getrennt zusammen und
beachten Sie die Unterschiede!

S. 116

historische Gestalt; Name Siddharta Gautama; Daten seines Lebens unsicher
(ca. 80 Jahre geworden); Kriegerkaste (Fürstensohn); er wurde Asket (6
Jahre lang), meditierte dann und wurde erleuchtet. Er sammelte Schüler
um sich und lehrte bis zu seinem Tod.

= spärliche, unsichere Informationen; er war eine historische Gestalt, ein
Lehrer der Wahrheit.

S. 118/119

Schon vor seiner Geburt ungewöhnliche Ereignisse; wunderbare Geburt aus
der Hüfte (1 und 2); Versuchung durch Dämonen (6-7); Erde verbürgt
sich für ihn; himmlische Wesen dienen ihm

Mittelachse: von unten nach oben:

Eingang ins Nirwana (Tod); Buddha als Künder der Wahrheit: rechte
Hand: Zeugenanrufungsgeste, und als Ordensoberhaupt (Almosenschale)
Bodhisattvas;

unio mystica -tibet. Yab/Yum - Vereinigung der Polaritäten, im tantrischen
B. als geschlechtliche Vereinigung dargestellt.

= sagenhafte und wunderhafte Züge (Empfängnis und Geburt); von Beginn
seines Lebens an war er eine übernatürliche Gestalt; Mythologisierung;
volkstümliche Züge; Mittelachse: er ist die Verkörperung der transzendentalen Wahrheit.

Ergänzende Information: Buddha sagte zu einem Schüler: "Wer (...) die

Lehre (Dharma) schaut, der schaut mich; wer mich schaut, der schaut die Lehre." Er lehnte die Verehrung seiner Person ab und bezeichnete sich als Wegweiser zur Wahrheit. Nach seiner Erleuchtung ging er nach Varanasi (Benares). Im Gazellenhain des heutigen Sarnath hielt er seine erste Predigt und setzte damit das Rad der Lehre in Bewegung. Dieses Rad wird als Dharmachakra ein Hauptsymbol des Buddhismus. Seine acht Speichen symbolisieren den edlen achtteiligen Pfad. Das Tai-Chi-Symbol in der Mitte wird gedeutet als Ineinander von Samsara und Nirwana.

Das Rad kann in Erinnerung an die erste Predigt im Gazellenhain von Gazellen flankiert, ganz einfach oder auf einem Sockel dargestellt werden.

(Hans Wolfgang Schumann: Buddhistische Bilderwelt, Eugen Diederichs Verlag, Köln 1986, S.24)

2.6.5 Die Lehre Buddhas: Die vier edlen Wahrheiten (Text 70)

Der Buddhismus ist auf dem Boden des Hinduismus entstanden. Er hat viel mit ihm gemeinsam, unterscheidet sich aber in einer Reihe von Punkten:

Buddha weigerte sich kategorisch, sich in Spekulationen verwickeln zu lassen. Er begründet dies mit dem Gleichnis von dem Mann, der von einem vergifteten Pfeil getroffen wurde. Freunde und Verwandte holen einen Arzt, aber der Getroffene ruft aus: "Ich werde diesen Pfeil nicht herausziehen lassen, bevor ich weiß, wer mich getroffen hat, ob es ein Kshatrya

oder ein Brahmane war, (...) welches seine Familie ist, ob er groß oder
klein oder von mittlerer Größe ist, aus welchem Dorf oder aus welcher
Stadt er kommt; ich werde diesen Pfeil nicht herausziehen lassen, bevor
ich weiß, mit welcher Art Bogen man auf mich gezielt hat (...), welche
Sehne auf den Bogen gespannt war, (...), welche Feder auf dem Pfeil be-
festigt war (...), wie die Spitze des Pfeils beschaffen war." Buddha fuhr
fort, der Mann sei gestorben, ohne diese Dinge zu erfahren. Ebenso er-
gehe es jedem, der sich weigere, den Weg der Heiligkeit zu gehen, bevor
er diese oder jene philosophischen Probleme gelöst habe.

"Weil es nicht nützlich ist, weil es nicht mit dem heiligmäßigen und spirituellen Leben verbunden ist, weil es nicht zur Loslösung, zum Aufhören
der Begierden, zur Ruhe, zum tiefen Eindringen, zur Erleuchtung, zum
Nirvana beiträgt", darum trägt Buddha keine philosophischen Lehren vor,
sondern konzentriert sich auf die vier edlen Wahrheiten, das Herz seiner
Lehre. In der Formulierung dieser Wahrheit wandte er eine Methode an,
wie sie die Ärzte in Indien benutzten: Diagnose der Krankheit, die Ursache feststellen, die Beseitigung der Ursache beschließen, eine Therapie
bereitstellen.

1. Das Schlüsselwort der vier Wahrheiten ist der Begriff "Leiden", Pali;
   dukkha. Dukkha hat eine viel weitere Bedeutung als unser Wort
   "Schmerz". Es umfaßt drei Momente: 1. Unzulänglichkeit - nichts in
   dieser Welt kann letztlich Befriedigung geben. 2. annica: Unbeständigkeit - nichts in dieser Welt ist von Dauer. Genuß, Liebe, auch spirituelle Glückseligkeit haben einmal ein Ende und können daher keinen end-
   gültigen Frieden geben. 3. anatta (s. Nr. 7): Nicht-Ich; Nicht-Per-
   sönlichkeit. Der Mensch besteht nach buddhistischer Auffassung aus
   fünf Skandhas oder "Anhaftungsgruppen": 1. Körper, 2. Gefühl, 3.
   Wahrnehmung. Sie basiert auf Erinnerung und Erfahrung. Die Wahrneh-
   mungen des Menschen erklären das, was er sieht, hört, schmeckt,
   riecht und berührt. Sie bleiben daher subjektiv. 4. Gedanken: Gedan-
   kensysteme und -formationen; sie heißen auch Karma-Formationen, weil
   der Mensch sie mit seinem Karma macht (vgl. Hinduismus Nr. 7). 5.
   Bewußtsein als Sinnesbewußtsein, als Verbindung des Sinnesorgans mit
   dem, was es berührt (z.B. Auge und Sehobjekt - Sehbewußtsein).

Es ist der Wahn des Menschen, eine bleibende Persönlichkeit, ein "Ich"
zu sein. Dieses "Ich"-Bewußtsein führt zum Sich-behaupten-Wollen.
Der Mensch stemmt sich gegen den Strom der Wechselbewegung (s. Nr.
14), leistet Widerstand und das bewirkt Unruhe.

In der Meditation erfährt der Mensch, daß das, was ihm als "Ich" erscheint, ein endloser Wechsel, ein endloses Fließen von Gedanken, Gefühlen und Vorstellungsbildern ist, über die man keine Macht hat.

2. Wahrheit: Die Menschen sind nie ohne Verlangen nach etwas; sie streben nach Erfüllung und Glück. Unterschieden werden hier der Wunsch nach sinnlichen Freuden, der Wunsch, fortzubestehen und der Wunsch, sich auszulöschen. Selbstmord erlöst nicht aus dem Kreislauf der Transmigrationen. Da die Menschen die Ursache dieser Begierde nicht kennen (Unwissenheit), setzen sie durch ihr Handeln den Konditionalnexus wie einen Mechanismus immer neu in Bewegung.

3. Wahrheit: Sie lehrt, die Erlösung vom Schmerz (dukkha) bestehe in der Zerstörung des Verlangens. Sie entspricht dem Nirvana. Einer der Namen für Nirvana ist "Vernichten des Durstes" (vgl. Nr. 10).

4. Wahrheit: Der Weg zum Aufhören des Leidens ist der edle, achtfache Pfad (ausführlich Nr. 8).

Zum Unterricht:

Die 4 Wahrheiten sind knapp und allgemein formuliert und daher schwer zu entfalten. Folgendes sollte herausgestellt werden:

1. Buddha liegt daran, die Menschen aus dem Samsara zu retten. Alle seine Lehren haben nur dieses Ziel (Gleichnis vom Menschen, der von einem vergifteten Pfeil getroffen wurde).

2. Er benutzt die Methode der indischen Ärzte (s.o.).

3. Zur 1. Wahrheit: zwei Dinge sind herauszustellen: a. der Begriff dukkha - Leiden - in seinem umfassenden Verständnis. b. Die Vorstellung der fünf Skandhas sollte erklärt werden.

Zur 2. Wahrheit: Der Mensch ist unzufrieden, weil nichts in dieser relativen Welt ihn befriedigen kann. So sucht er nach Ersatz- und Scheinbefriedigungen auf allerlei Ebenen.

3. Wahrheit: Nirvana (Nr. 15)

4. Wahrheit: Achtfacher Pfad (Nr. 8)

Das Rad des Werdens: Der Konditionalnexus Bild S.121 und Text Nr. 73

Das Rad des Werdens stellt nicht die Lehre Buddhas dar, sondern den Kreislauf der Wiedergeburten (Samsara). An tibetanischen Tempeln schmückt er gewöhnlich die Außenwand neben dem Eingang. Wer den Tempel betritt, der schreitet sinnbildlich durch die Welt des Samsara zur Erlösung.

Mara, der Dämon des Todes, hält das Rad in den Krallen. Frei von der Wiedergeburt und daher außerhalb des Rades stehen der Buddha (rechts), der mit ausgestrecktem Arm auf den Mond als Symbol der Erleuchtung weist, und links der transzendente Bodhisattva Avalokiteshvara (s. 13.2), dessen rechte Hand die Gewährungsgeste zeigt. Sein Mitleid durchdringt alle Bereiche der Wiedergeburt, daher ist er in all diesen Bereichen zu sehen.

2.6.6 Der Konditionalnexus

Eine Bedingung greift in die andere wie die Glieder einer Kette. Die Kreisform drückt aus, daß dieser Prozeß keinen Anfang und kein Ende hat.

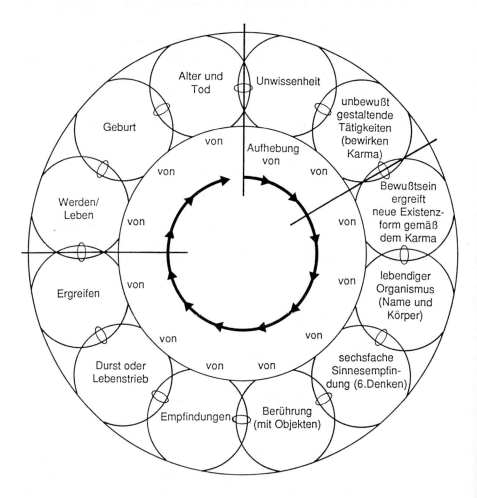

Die zwölf Faktoren des Konditionalnexus verteilen sich über drei Existenz-
formen ohne die Vorstellung einer überwandernden Seele. Wer Buddhas
Lehre annimmt und sie durch den achtteiligen Pfad in seinem Leben verwirklicht, bei dem wird die Unwissenheit aufgehoben und anschließend
Glied um Glied der Kette der Bedingheiten, bis alle Bedingtheiten aufgelöst
und Befreiung erreicht ist.

Der Konditionalnexus

"Es gibt vier Arten der Ernährung, für die entstandenen Wesen zum Fort-
bestehen und für die erst entstehenden als Beihilfe, nämlich stoffliche
grobe und feine Nahrung, zweitens Berührung, drittens Begriffsbildung,
viertens Bewußtsein. Diese vier Arten der Ernährung sind vorhanden und
treten auf, wenn Durst oder Lebenstrieb da ist. Durst oder Lebenstrieb
entsteht, wenn Empfindung da ist, Empfindung kann es nur dann geben,
wenn Berührung da ist, Berührung setzt voraus, daß sechsfache Sinnesempfänglichkeit da ist.
Sechsfache Sinnesempfänglichkeit gibt es nur, wenn ein lebendiger Organismus da ist. Ein lebendiger Organismus setzt voraus, daß Bewußtsein da
ist. Bewußtsein kann nur dann entstehen, wenn unbewußte gestaltende
Tätigkeiten da sind. Solche Tätigkeiten kommen nur zustande, wenn Unwissenheit da ist. So ist Unwissenheit die Voraussetzung für unbewußte
gestaltende Tätigkeiten, solche Tätigkeiten sind die Voraussetzungen für
Bewußtsein, Bewußtsein ist die Voraussetzung für einen lebendigen Organismus, ein lebendiger Organismus ist die Voraussetzung für sechsfache
Sinnesempfänglichkeit.
So ist sechsfache Sinnesempfänglichkeit die Voraussetzung für Berührung,
Berührung die Voraussetzung für Empfindung, Empfindung die Voraussetzung für Durst oder Lebenstrieb, Durst oder Lebenstrieb die Voraus-
setzung für Ergreifen, Ergreifen die Voraussetzung für Leben, Leben die
Voraussetzung für Geburt, Geburt die Voraussetzung für Altern und Sterben, für Kummer, Jammer, Schmerz, Gram und Verzweiflung. So kommt
diese ganze Masse der Übel zustande.
"Nun sagt, ihr Bhikkhus (Bhikkhu = Mönch), ist Geburt die Voraussetzung für Altern und Sterben"? - "Ja, Herr, zweifellos!" - "Ist Leben die
Voraussetzung für Geburt?" - "Ja, Herr, zweifellos!" - "Ist Durst die
Voraussetzung für Ergreifen?" - "Ja, Herr, zweifellos!" - "Ist Empfindung
die Voraussetzung für Durst"? - "Ja, Herr, zweifellos!" - "Ist Berührung
die Voraussetzung für Empfindung?" - "Ja, Herr, zweifellos!" - "Ist
sechsfache Sinnesempfänglichkeit die Voraussetzung für Berührung?" -

"Ja, Herr, zweifellos.!" "Ist ein lebendiger Organismus die Voraussetzung für sechsfache Sinnesempfänglichkeit?" - "Ja, Herr, zweifellos!" - "Ist Bewußtsein die Voraussetzung für einen lebendigen Organismus?" - "Ja, Herr, zweifellos!" - "Sind unbewußt gestaltende Fähigkeiten die Voraussetzung für Bewußtsein?" - "Ja, Herr, zweifellos!" - "Ist Unwissenheit die Voraussetzung für unbewußte gestaltende Tätigkeiten?" - "Ja, Herr, zweifellos!"

"Gut, meine Bhikkhus! Somit sagt ihr, und ich sage es auch: Wenn dieses ist, ist jenes, wenn dieses entsteht, entsteht jenes, nämlich wenn Unwissenheit da ist, sind unbewußte gestaltende Tätigkeiten da, wenn solche Tätigkeiten entstehen, entsteht Bewußtsein, wenn Bewußtsein da ist, ist auch ein lebendiger Organismus da, wenn ein lebendiger Organismus da ist, ist sechsfache Sinnesempfindlichkeit da, wenn sechsfache Sinnesempfindlichkeit da ist, entsteht Berührung, wenn Berührung entsteht, entsteht Empfindung, wenn Empfindung da ist, entsteht Durst, wenn Durst da ist, entsteht Ergreifen, wenn Ergreifen da ist, entsteht Leben, wenn Leben da ist, gibt es Geburt, wenn Geburt stattgefunden hat, entstehen Altern und Sterben, Kummer, Jammer, Schmerz, Gram und Verzweiflung, So kommt diese ganze Masse der Übel zustande."

Noch einmal fragte der Erhabene, wie vorher, die Bhikkhus, ob sie alle einzelnen Glieder der Kette als richtig erkennen, und sie antworteten jedesmal: "Ja, Herr, zweifellos." Darauf sagte der Erhabene: "Gut, meine Bhikkhus! Somit sagt ihr, und ich sage es auch: Wenn dieses nicht ist, ist jenes nicht, wenn dieses aufhört, hört jenes auf, nämlich wenn Unwissenheit aufhört, hören unbewußte gestaltende Tätigkeiten auf, wenn diese aufhören, hört Bewußtsein auf, wenn Bewußtsein nicht da ist, gibt es keinen lebendigen Organismus, wenn kein lebendiger Organismus da ist, gibt es keine Sinnesempfänglichkeit, wenn keine Sinnesempfänglichkeit da ist, gibt es keine Berührung, ohne Berührung keine Empfindung, ohne Empfindung keinen Durst, ohne Durst kein Ergreifen, ohne Ergreifen kein Leben, ohne Leben keine Geburt, ohne Geburt kein Altern und Sterben, keinen Kummer, Jammer, Schmerz, Gram und keine Verzweiflung. So kommt diese ganze Masse der Übel zum Ende."[1]

---

1) Kurt Schmidt: Buddhas Reden. Majjhimanikaya. Die Sammlung der mittleren Texte des buddhistischen Pali-Kanons, Rowohlts Klassiker, Bd. 87/88, Frankfurt 1961, S.129-131

2.6.7 Die Lehre von der Nicht-Substantialität (Pali: Anatta) der Dinge und des eigenen Selbst

Der Lehre von den fünf Daseinsfaktoren (Skandhas), aus denen der Mensch besteht (vgl. Erläuterungen zur 1. Wahrheit vom Leiden und Text 74 Nr. 6) und dem Konditionalnexus liegt die Vorstellung zugrunde, daß es kein beständiges Selbst (Atman) gibt. Buddha selbst hat auf die Frage nach der Existenz bzw. Nicht-Existenz des Atman beharrlich geschwiegen und damit die eternalistischen und die nihilistischen Alternativen abgelehnt. Er sagte jedoch, derjenige, der in einer bestimmten Existenz die Frucht der Tat ißt, sei nicht derjenige, der die Tat in einer früheren Existenz begangen habe, aber er sei auch kein anderer.

Es wird im Buddhismus eine endlose theoretische Diskussion über diese Frage geführt. Entscheidend ist aber die Erfahrung, die in der Meditation gemacht wird:

Der Meditierende schaut den ständigen Fluß der Vorstellungen. Er kann kein Gefühl, keinen Zustand festhalten. Bei fortschreitender Übung erkennt er, daß alle diese Vorstellungen nur aus seinem eigenen Geist entstehen und keine Existenz an sich haben. Das Ziel ist es, den Geist ganz ruhig zu stellen. Damit schwindet auch die Vorstellung eines eigenen Ichs. Der Geist wird weit und offen und grenzenlos.

D.T. Suzuki unterscheidet zwischen empirischem und transzendentem Ich: "Wir können zwei Stadien der Ich-Idee unterscheiden. Das erste Stadium betrifft das relative, psychologische, empirische Ich. Das zweite meint das transzendentale Ich.

Das empirische Ich ist begrenzt. Es hat kein Dasein aus sich selbst. Welche Aussage es auch macht, sie hat keinen absoluten Wert, sie ist abhängig von anderen. Dieses Ich ist relativ und psychologisch begründet. Es ist hypothetisch, es unterliegt allen möglichen Bedingungen. Es ist demzufolge nicht frei.

Woran liegt es nun, daß es sich frei fühlt, als wäre es wirklich so unabhängig und selbstherrlich? Woher kommt diese Täuschung? Diese Täuschung kommt aus dem transzendenten Ich, das - indem es durch das empirische Ich wirkt und in ihm verweilt - falsch gesehen wird.

Warum aber duldet das transzendentale Ich es, daß man es für das relative Ich hält? Die Wahrheit ist, daß das relative Ich in zwei verschiedenen Bezugssystemen steht, einem äußeren und einem inneren. Objektiv gesprochen, ist das empirische oder relative Ich eines von vielen anderen solcher Ichs. Es befindet sich in der Welt der Vielheit. Sein Kontakt mit anderen ist wechselhaft, Unterbrechungen unterworfen, mittelbar und schweifend.

Innen berührt es sich mit dem transzendenten Ich - und dieser Kontakt oder Bezug ist konstant, unmittelbar und total. Freilich ist der innere Bezug nicht so deutlich erkennbar wie der äußere, was jedoch nicht heißt, daß seine Kenntnis ohne jede Bedeutung und praktischen Wert für unser tägliches Leben sei und daher vernachlässigt werden könnte. Im Gegenteil, die Kenntnis des hinter dem relativen Ich stehenden transzendenten Ich wirft Licht auf den Ursprung des Bewußtseins. Sie bringt uns in unmittelbaren Kontakt mit dem Unbewußten. (...)
Wenn diese einzigartige Beziehung zwischen dem transzendenten und dem relativen Ich nicht entsprechend begriffen oder intuitiv erfaßt wird, entsteht eine Täuschung. Das relative Ich glaubt sich frei, autonom und versucht danach zu handeln.
Das relative Ich als solches existiert nicht unabhängig vom transzendenten Ich. Das relative Ich ist nichts. Aber wenn es sich über seine wahre Natur täuscht, maßt es sich die Rolle des transzendenten Ich an."[1]

Zum Unterricht: Diese Lehre ist für uns auf Persönlichkeitsentwicklung, Selbstentfaltung und -behauptung hin orientierte Europäer ein harter Brocken. Der Lehrer sollte nur soweit darauf eingehen, wie es für den Unterricht notwendig ist und von der Schülergruppe gewünscht wird. Zwei Möglichkeiten zum Verständnis werden hier angeboten:
1. Das Problem löst sich praktisch in der Meditationserfahrung.
2. Die theoretische Unterscheidung von relativem und transzendentem Ich und die Beziehungen beider zueinander nach D.T. Suzuki.

2.6.8 Der achtfache Pfad

"Er ist, wie die ganze Buddha-Lehre, dreifach gegliedert:
a) Sittlichkeit (sila)
b) Konzentration/Geistessammlung (samadhi)
c) Weisheit (panná).

Diese drei Tugenden und Fähigkeiten kennzeichnen die ganze Buddha-Lehre; sie sind es, die - wenn vollkommen verwirklicht - einen Vollendeten ausmachen. Wir spüren, daß wir alles andere als vollendet sind, und darum suchen wir Erfüllung. Wenn wir genügend Vernunft haben, nach einem

---

1) D.T. Suzuki: Der westliche und der östliche Weg, Ullstein Buch 299, Frankfurt/M. 1957, S.121-122

spirituellen Weg zu suchen, haben wir den ersten Schritt auf dem Achtfachen Pfad getan, der von Weisheit geprägt ist. Man braucht ein gewisses Maß an Weisheit, um überhaupt einen Schritt zu tun.

Der erste Schritt ist die rechte Einsicht. Dazu gehört, daß wir uns unvollendet vorkommen und die Vollendung nicht weiterhin im Materiellen suchen, sondern im spirituellen Wachstum; ferner die Einsicht, daß wir allein verantwortlich sind für das, was uns geschieht. (...)

Der zweite Schritt auf dem Achtfachen Pfad und ebenfalls dem Weisheitsteil zugehörig ist die rechte Absicht. Und die Absichten sind, wie wir gesehen haben, Karma.

Wenn man zum Beispiel in seinem Garten einen Ameisenhaufen hat, der einen stört, und ihn mutwillig zerstört, steht dahinter die Absicht, die Ameisen zu vernichten. Wenn wir aber des Weges gehen und dabei, weil wir sie nicht sehen, Ameisen zertreten, geschieht es ohne Absicht, ist also kein Karma des Tötens, höchstens das Karma der Unachtsamkeit. (...)

Der zweite Teil des Achtfachen Pfades handelt vom sittlichen Verhalten (sila); dazu gehört 1. die rechte Rede, 2. das rechte Tun, 3. der rechte Lebenserwerb.

Die rechte Rede:

Wie Sie sehen, hat der Buddha die vierte der fünf Tugendregeln, den rechten Gebrauch der Sprache, noch einmal extra als dritten Schritt auf dem Achtfachen Pfad erwähnt. Sprechen ist ja unser regster Kontakt mit unserer Umwelt, und wenn wir nicht sehr achtsam sind, reden wir durchaus nicht immer hilfreich, wahrheitsgemäß und besonnen. Wir irren, wenn wir meinen, nur, weil wir sprechen können, hätten wir schon die rechte Redeweise; wir müssen vielmehr lernen, die Sprache geschickt zu benutzen, so daß aus ihr nicht Zwist oder gar Feindschaft, sondern Harmonie mit anderen Menschen erwächst. Wer mit Sprache geschickt umzugehen weiß, kann sogar die schwere Kunst lernen, andere zu überzeugen. Darin war der Buddha Meister. Manch einer, der seinen Lehrreden zuhörte, gewann dabei Erleuchtung. Der Buddha hat die Sprache so verwendet, daß, durch die Worte belebt, in seinen Zuhörern das Auge des Dhamma aufgegangen ist. (...)

Daher haben wir noch heute die Tradition des Dhamma-Sprechens. Das ist bemerkenswert in einer Zeit, in der über die Buddha-Lehre so viele Bücher zur Hand sind, mittlerweile auch auf deutsch, daß man sie eigentlich auch aus Büchern lernen könnte. So wie Kinder sich heutzutage den bloßen Lehrstoff auch ohne Lehrer, zum Beispiel durch Fernseh-Lektionen und andere didaktische Neuerungen, aneignen könnten. Und doch haben wir weiterhin Lehrer, in den Schulen und vor allem beim Dhamma. Beim mündlichen Vortrag kommt eben weit mehr zum Ausdruck als nur der Wortlaut, der Text; dahinter steht der ganze Mensch und der Grad seiner Läuterung. Wir können zwar die Worte manipulieren, nicht aber den "Ton", der bekanntlich "die Musik macht", und die Körpersprache; die verraten, was dahintersteckt. Es ist oft viel weniger wichtig, was man sagt, als wie man's sagt. Daher ist eine gesprochene Lehre immer noch die eindringlichste. Solange der Dhamma in diesem Weltzeitalter existiert, wird es auch Lehrer geben, die ihn mündlich weitergeben.

Der Ehrwürdige Achaan Fun, ein thailändischer Meditationsmeister und Mönch, wurde weithin berühmt durch seine Dhamma-Reden. Täglich kamen Busse aus dem zwölf (!) Fahrstunden weit entfernten Bangkok in sein Kloster im Nordosten Thailands, voll mit Leuten, die nichts weiter wollten als seine Reden hören, obwohl er nichts sagte, was nicht sowieso jeder wußte. Aber wie er es gesagt hat! Durchdrungen von liebender Güte. (...)

Lügen kann das ganze Leben durcheinanderbringen. Oft lügt man, um anderen nicht weh zu tun. Dann ist es viel besser, gar nichts zu sagen. Lügen ist "falsche" Rede, aus welchem Grunde auch immer. Lügen zum eigenen Vorteil ist natürlich eine schlechte Tat. Aber selbst wenn ich lüge, um anderen nicht weh zu tun, steckt dahinter Angst oder Begierde - der andere soll mich nicht tadeln, mir gewogen bleiben -, also Ich-Bezogenheit. Niemals kann Lügen als nötig entschuldigt werden.

Die rechte Redeweise hat der Buddha in einer Lehrrede so erklärt: Wenn man etwas weiß, das dem anderen weh tun kann, und es ist unwahr, so soll man es auf keinen Fall sagen.

Wenn man etwas weiß, das ihm weh tun kann, und es ist wahr, soll man es auch nicht sagen.

Wenn man etwas weiß, das ihm helfen kann, und es ist unwahr, soll man es nicht sagen.

Wenn man etwas weiß, das ihm helfen kann, und es ist wahr, dann soll man den richigen Moment finden. Der richtige Augenblick ist dann gekommen, wenn der andere empfänglich ist und hören will; wenn Ruhe und Frieden herrscht und ein offenes Miteinander möglich ist, vor allem wenn der Sprecher nur Liebe und Mitgefühl für den Angesprochenen empfindet. Die rechte Redeweise vermeidet jedes impulsive Sprechen.

Der Buddha hat auch erklärt, wie man Fragen beantwortet. Auch das ist nicht so selbstverständlich, wie es uns vorkommt. Er nannte vier Möglichkeiten, auf Fragen zu antworten:

1. Mit Ja und Nein

2. mit einer längeren Erklärung, weil der Mensch dessen anscheinend bedarf

3. mit einer Gegenfrage

4. mit Schweigen (wenn es eine falsche Frage ist oder sie aus schlechten Motiven gestellt wurde).

Der Buddha hat alle vier Typen der Beantwortung benutzt und sie auch seinen Jüngern anempfohlen.

In der Lehrrede vom Großen Segen, dem Maha-mangala-Sutta, hat er eine höfliche, freundliche Sprache - "nur wohlgesprochene Worte reden" - als einen der großen Segen bezeichnet, der uns davor bewahre, uns mit anderen zu streiten und zu verfeinden. Der Buddha hat auch gesagt, man müsse, um einen Menschen wirklich zu kennen, nicht nur lange mit ihm leben, sondern ihn auch oft sprechen hören.

Der zweite der drei Schritte des sittlichen Verhaltens und vierte Schritt auf dem Achtfachen Pfad ist das rechte Tun. Es bezieht sich vor allem auf die fünf Tugendregeln, sie sind das Fundament, und je besser und stärker das gebaut ist, um so leichter fällt es, gut zu handeln. Gute Handlungen sind die Folge guter Absichten, mit schlechten schadet man sich selber.

Der nächste Schritt betrifft den rechten Lebenserwerb. Der Buddha hat aufgezählt, was falscher Lebenserwerb ist, aber das bezog sich natürlich auf die damaligen Verhältnisse. Das Entscheidende ist - und das gilt für uns ungeachtet unserer ganz anderen sozialen und wirtschaftlichen Situation genauso -, daß man mit seinem Lebenserwerb anderen Lebewesen nicht schaden darf. So darf man in keiner Weise dazu beitragen, eine der fünf Tugendregeln zu brechen. Ganze Branchen indessen leben davon, zum Beispiel alle, die an Waffen, Drogen, Alkohol, Giften, Schlachten von Tieren verdienen; auch die Werbung gehört dazu. Der Buddha hat zum falschen Lebenserwerb auch gerechnet, Lebewesen zu Sklaven zu machen. Hierbei könnten wir an unseren Umgang mit den Tieren denken, die wir oft in einer Art Sklaverei halten.

Wenn man einen Beruf hat, soll man ihn prüfen, ob er hilfreich ist, zum Beispiel soziale, helfende, heilende, lehrende Tätigkeiten, oder neutral oder ob er in irgendeiner Weise dazu beiträgt, anderen Lebewesen Schaden zuzufügen. Vor allem schaden wir uns mit der falschen Art des Lebenserwerbs selber. (...)

Der dritte Teil des Edlen Achtfachen Pfades ist die Konzentration/Geistessammlung (samadhi). Dazu gehört:

1. die rechte Anstrengung/Bemühung,

2. die rechte Achtsamkeit,

3. die rechte Konzentration.

Die rechte Anstrengung/Bemühung ist der sechste Schritt auf dem Achtfachen Pfad. Millionär oder berühmt zu werden, kostet zweifellos eine Menge Mühe - aber ist es auch die rechte Anstrengung, die rechte Bemühung? Wir müssen also Klarheit in uns schaffen, eine Richtung in unser Leben bringen. "Richtung" beruht auf dem gleichen Wortstamm wie "recht" /"richtig". Eine Richtung bringt uns das rechte Bemühen. Was ist unsere Richtung? Wonach suchen wir denn eigentlich? Was wollen wir? Wollen wir Meditation nur als ein neues Hobby? Oder damit wir wenigstens für ein paar Monate Ruhe finden vor diesem ewigen Denken, Überlegen, Sichärgern und -sorgen, Planen, Erinnern? Oder suchen wir ernsthaft eine Antwort auf die Frage: "Wozu bin ich hier? Was bedeutet ein Leben als Mensch? Ist es mein Hauptanliegen, mich selber zu erkennen, zu wachsen, mich zu läutern?" Denn wenn das der Leitfaden durch unser Leben ist, dann können wir gar keine falschen Bemühungen machen. Dann werden alle Anstrengungen richtig sein, weil sie in die "rechte" Richtung gehen.

Es gibt überhaupt nichts Wichtigeres im Leben, als die rechte Bemühung/ Anstrengung im Licht der "vier großen Anstrengungen" zu sehen, Achtsamkeit auf die Gedanken zu unserer Hauptarbeit zu machen, indem wir unheilsame Gedanken vermeiden und überwinden, heilsame Gedanken entfalten und erhalten.

Ohne Achtsamkeit - den nächsten Schritt - können wir den ganzen Pfad nicht beschreiten, weil wir dann ja nicht wissen, wann der Gedanke, der aufkommt, heilsam, wann er unheilsam ist und was in uns vorgeht. Achtsamkeit wird zwar in der Meditation trainiert, durch Meditation gestärkt, aber wir müssen sie auch im Alltag ohne Unterlaß üben. Sie muß ein Teil unseres Lebens sein. Wenn wir merken, daß wir gerade nicht achtsam gewesen sind, ist der Moment gekommen, daß wir wieder achtsam geworden sind. Achtsam sein heißt, daß wir immer oder wenigstens so oft wie möglich wissen, was wir wirklich tun mit unserem Körper, was der Inhalt unserer Gedanken ist, was wir empfinden, wie wir reagieren. Ohne Achtsamkeit gibt es auch keine Konzentration und keinen Klarblick.

Der letzte Schritt auf dem Achtfachen Pfad ist die rechte Konzentration/ Geistessammlung (samadhi).

Das bedeutet einmal die Versenkung, also vollkommene, nicht unterbrochene Konzentration.

Es gibt aber auch eine Konzentration, die "angrenzende Sammlung" (upacara-samadhi) heißt: Sie grenzt an die rechte Sammlung an. Sie ist zwar vertiefter als unsere gewöhnliche Konzentration, die einen Moment auf den

Atem, im nächsten auf einen Gedanken springt, jedoch ist sie noch keine Versenkung. Aber in der "angrenzenden Sammlung" ist es oft möglich, Einsicht zu gewinnen, weil der Geist zu der Zeit noch sehr beweglich ist. Er hat sich noch nicht vollkommen zur Ruhe gesetzt. Es ist ein Zustand, bei dem die Gedanken im Hintergrund wie ferne Wolken kommen und gehen; er kann günstig dafür sein, Unbeständigkeit zu erkennen. Es ist aber trotzdem möglich – das hat der Buddha viele, viele Male erklärt –, die Übung der Achtsamkeit so intensiv zu verfolgen, daß man den Zustand der Versenkung erreicht: Erst sie läßt den Geist Glück und Frieden finden, befähigt ihn zu der Einsicht, daß nichts anderes auf der Welt ihm dieses Glück vermitteln kann, und läßt ihn nicht mehr nach dem Weltlichen suchen. Denn um den Pfad wirklich bis ganz an sein Ende zu gehen, muß man aufhören, nach dem – als Trug erkannten – weltlichen Glück zu suchen."[1]

Der Entfaltung der vierten edlen Wahrheit, nämlich des achtteiligen Pfades, wird hier viel Raum gegeben: Die Darstellung der buddhistischen Ethik ist der erste große Schwerpunkt dieser Einführung in den Buddhismus. Wie anspruchsvoll und auch für uns interessant diese Ethik ist, wird nur deutlich, wenn sie ausführlich dargelegt wird.

Die Form des Textes ist die des Dharma-Vortrags (Pali: Dhamma). D.h. der Meister spricht ohne Aufzeichnungen frei aus seiner Erfahrung des Weges, wobei er sich ganz auf die spezielle Zuhörerschaft einstellt. Der Text ist nach Tonbandaufzeichnungen solcher Vorträge geschrieben. Die Autorin ist eine gebürtige Deutsche, die in China und Schottland erzogen und in Sri Lanka als Nonne ordiniert wurde. Sie ist heute eine berühmte Meditationslehrerin und kommt häufig nach Deutschland.

Folgende Punkte sollte der Lehrer herausstellen:

1. Der hohe Anspruch: der ganze Mensch ist gefordert (vgl. Bergpredigt)
2. Es wird ein Weg, eine Praxis gewiesen (vgl. besonders Die rechte Rede). Die Bedeutung der Achtsamkeit sollte herausgearbeitet werden.
3. Zur Praxis gehört die Meditation (im Christentum entspräche das dem Gebet).
4. Es wird nicht moralisch argumentiert, sondern mit dem Begriffspaar: heilsam - unheilsam. Es soll kein schlechtes Gewissen erzeugt werden, sondern Einsicht gefördert werden.

Man lernt, über sich zu lächeln.

---

1) Ayya Khema: Buddha ohne Geheimnis. Die Lehre für den Alltag, Theseus-Verlag, Zürich 1986, S.170-179

2.6.9 Der Arhat (Text 75)

1. Primärquelle, der Text sollte daher Zeile um Zeile erläutert werden.
   Arhants sind glückliche Menschen, weil

   sie alles Begehren aufgegeben haben, dazu das Ich-Bewußtsein;

   sie durchschauen die Illusionen

   sie sind frei von Verlangen

   mit dem Göttlichen eins und rein

   die 5 Gruppen: die Skandhas; die 7 Denkungsarten: Glaube, Scham-
   gefühl, Furcht vor Tadel, Wahrheitsliebe, Kraftentfaltung, Wachsamkeit,
   Weisheit

   sie sind aufrichtige Menschen im Geiste Buddhas

   siebenfacher Edelstein: 7 Glieder der Erleuchtung

   3 Bildungen: Sittlichkeit, Konzentration, Erleuchtung

   innere Stärke; sie kennen keine Furcht

   10 Kräfte des Tathagata: Er durchschaut die Bedingungen seines Wer-
   deganges in unzähligen Wiedergeburten und auch die aller anderen Wesen

   3 Gesichtspunkte: besser, gleich oder schlechter zu sein im Vergleich
   zu anderen

   sie sind ideale Menschen, ohne Begehren

   dieses Leben ist ihre letzte Existenz im Samsara (zusammengefügt:
   Skandhas)

   sie sind nicht mehr versuchlich, sie haben sich selbst besiegt

   sie können lehren wie ein Buddha (Löwengebrüll)

2. vgl. S.124 Text 74,12

   a. Wortbedeutung von arhat

   b. Unterschied zum Buddha

3. Zusammenfassung:

   Ein Arhat hat die höchste Stufe menschlicher Vollkommenheit erreicht

   a. in sittlicher Hinsicht (rein, kein Begehren usw.)

   b. in Bezug auf Weisheit und Erkenntnis

   Er ist aufgrund eigener Anstrengung den Weg der Entsagung und
   Übung in der Meditation gegangen und hat die Erleuchtung erreicht.
   Bei seinem Tode geht er in das Parinirvana ein - er ist aus dem Kreis-
   lauf der Wiedergeburten erlöst.

   Es gilt dem Vorbild dieser Heiligen nachzueifern.

   In der buddhistischen Ikonographie findet man viele idealisierte Por-
   traits von Arhats. Das Mahayana kennt 16 kanonisierte Arhats, im Pali-
   kanon kannte man über 200.

2.6.10 Nirvana (Text 77) (Pali: Nibanna)

Arbeitsanweisung: Stellen Sie die Bilder und Begriffe zusammen, mit denen Nirvana umschrieben wird:

Wortbedeutung: Ausgehen, Verlöschen, Verwehen (einer Flamme)

Verlöschen einer Leidenschaft;

Beruhigung aller Antriebe; Auslöschen des Begehrens; Leidenschaftslosigkeit;

Vernichtung des Alterns und Sterbens - Todlosigkeit;

Insel im Gegensatz zu Strömung und Flut;

weder Ausdehnung noch Bewegung (Aufzählung der Gegensätze); Ungeborenes; Nichtgeschaffenes, Nichtgewordenes; Unzusammengesetztes...

Ergebnis:

1. völlige Aufhebung des Konditionalnexus (vgl. Text 73)
2. Nirvana liegt jenseits der Welt der Erscheinungen, die durch Veränderlichkeit, Zusammengesetztheit und Tod gekennzeichnet ist
3. Nirvana liegt jenseits der Welt der Dualitäten. Es ist durch Denken nicht erfaßbar. Einige Bilder dienen als Hinweise: Frieden, Ruhe, Ungeschaffenes

Nirvana bedeutet Erlösung aus dem Kreislauf des Werdens und Vergehens (Samsara). Der Mensch erreicht Nirvana, wenn er alle Begierden, Wünsche, alles Anhaften und alle falschen Vorstellungen in sich ausgelöscht hat. Er hat kein Verlangen mehr und findet inneren Frieden (zeitliches Nirvana). Nach seinem Tod erlischt er als Einzelwesen; es existiert nur mehr das Absolute, aus dem er hervorgegangen ist.

2.6.11 Buddha (Text 78)

Der historische Shakyamuni Buddha trat als Lehrer und Wegweiser hinter seiner Lehre zurück. Im Mahayana Buddhismus wird Buddha zur Verkörperung der letzten Wirklichkeit, an der jeder Mensch teil hat und zu der er zurückfinden sollte.

Text 78:

a) Worterklärungen: Jina: Sieger

Tathagata: von Tatha - So; agata: -gekommen oder gata -gegangen

so gekommen - so gegangen; übersetzt mit "der Vollendete"

Dharma: hier: Lehre Buddhas als letzte Wahrheit

Kasyapa: einer der Hauptschüler Buddhas

b) Der Text kennzeichnet Buddha als göttlichen Weltretter und Heiland. Die Darlegung seiner Lehre ist unparteiisch; er schließt kein Wesen von der Verkündigung aus, aber er ist nicht jedem sichtbar. Es hängt von den

Taten der Menschen ab (Karman), ob sie ihn erkennen.

c) Die Dreikörperlehre (Trikaya)

Die Dreikörperlehre bildet die geistige Ordnung der Buddhologie und soll hier kurz dargestellt werden. Sie liegt auch den Mandalas zugrunde (Text 84).

1. Dharmakaya (Leib des universellen Gesetzes) - unstofflich

Ein Urbuddha (oder Adi- bzw. Mahabuddha) personifiziert die Essenz des Seienden, den unzerstörbaren Urgrund aller empirischen Erscheinungen, die große Leere.

2. Sambhogakaya (Leiber der himmlischen Wonne) feinstofflich-überirdisch

Es sind verklärte Körper, sozusagen die innere Schicht, die nur mit den Augen des Glaubens wahrgenommen werden kann.

Sie erscheinen oft als fünf Tathagatas oder Dhyanibuddhas. Als Emanationen oder visionäre Spiegelungen des Urbuddhas verkörpern sie verschiedene Aspekte der universellen Weisheit.

3. Nirmanakaya (Schöpfungsleiber) irdisch-grobstofflich

Sie erscheinen als menschliche Buddhas, um das Dharma zu lehren und Wegweiser zur Erlösung zu werden.

2.6.12 Das Buddhabildnis (Text 81)

Wie byzantinische Ikonen werden die Buddhastatuen und -bilder nicht aus der Phantasie der Künstler geschaffen, sondern entstehen nach strengen Regeln, damit sie das geistige Urbild repräsentieren.

Das Maß bildet die Handspanne; die Fingerbreite das Untermaß.

Buddha sitzt immer auf einem Lotussockel - dies tut auch der Priester während des Kults, der dadurch vergöttlicht erscheint.

Die geschnitzte oder gemalte Mandorla ist das Zeichen der Transzendenz, ebenso auch das Gold, mit dem viele Statuen vergoldet sind. Gold gilt als die Farbe jenseits der Farben.

In den Tempeln werden die Buddha-Statuen als Abbild der geistigen Welt (vgl. Mandala) in Pentaden angeordnet (Zentrum und vier Himmelsrichtungen, die von bestimmten Dhyani-Buddhas regiert werden).

Davor befindet sich eine Reihe Bodhisattvas, die oft als Prinzen dargestellt werden (Siddharta Gautama).

Vor den Bodhisattvas stehen Schutzgottheiten, so daß die Anordnung die einer abgestuften Heiligkeit ist.

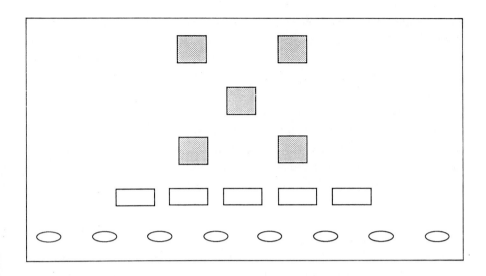

Die Schutzgottheiten tragen ein Schwert, um das Nichtwissen mit der Wurzel abzuschneiden und eine Schlinge, um das Böse einzufangen. Manche sehen wild aus, die Haare scheinen elektrisch geladen zu sein, eine Flammenaureole umgibt sie (Energie).
Die Tempel sind architektonische Mandalas, die die gesamte Theologie des Buddhismus abbilden (vgl. die mittelalterlichen Kathedralen).

2.6.13 Das Ideal des Bodhisattva (Text 79)
I. Auf allen Zen-Sesshins wird mehrmals täglich das SHU JO MU HEN SEI GAN DO rezitiert. Es ist ein Gelöbnis, das man so übersetzen könnte:
Der Wesen sind unendlich viele -
Wir geloben sie zu retten

Die Leidenschaften sind unerschöpflich -
Wir geloben sie zu überwinden

Die Lehre der Wahrheit ist unermeßbar -
Wir geloben sie zu verwirklichen

Der Weg der Weisheit ist der höchste -
Wir geloben ihn zu vollenden

Damit wird ausgedrückt, daß sich die Teilnehmer auf den Bodhisattva-Weg begeben haben, wenn sie auch noch ganz am Anfang stehen. Ein Bodhisattva ist ein Mensch, der sich um Befreiung und Erleuchtung bemüht und

dabei entschlossen ist, sich auch für die Rettung anderer Lebewesen ein-
zusetzen. War das Ideal des frühen (Hinayana oder Theravada)Buddhismus
der Arhat, ein weltentsagender Heiliger, der, von Irrtum und Begierden
frei, mit seinem Tode erlischt, so sieht der Mahayana Buddhismus dies als
unvollständig an. Selbstüberwindung und Weisheit hat der Arhat zwar erlangt, aber es muß noch die persönliche Hingabe (Hinduismus: bhakti), die
Barmherzigkeit (karuna) hinzutreten. Der historische Buddha bezeichnete
sich vor seiner Erleuchtung als Bodhisattva. Er widerstand der Versuchung, seine Erleuchtung für sich zu genießen und wirkte über 40 Jahre
lang als Wanderprediger für die Rettung anderer. Daraus schließen die
Mahayana-Anhänger, daß das Bodhisattva-Ideal auf Buddha selbst zurück-
geht.
Der Bodhisattva hat erkannt, daß alle Geschöpfe zusammengehören wie die
Glieder eines Körpers. In der Meditation vollzieht er die "Umwandlung des
Nächsten in das eigene Selbst". Die Vorstellung des Nirvana wird erweitert: "das Verlöschen, einer Lampe gleich" gilt als niedere Stufe. Der
Bodhisattva lebt im "dynamischen Nirvana", wo er sich frei von Leiden-
schaft, Karma und Begrenzung unablässig zum Wohle anderer betätigt.
Im 1.Jh.n.Chr. wurde das Bodhisattva-Gelübde (Text 79) eingeführt und
der Bodhisattva-Weg in 10 Stufen gegliedert:

1. Er legt das feierliche Gelübde ab und übt sich in der Tugend der
   Gebefreudigkeit. Er verschenkt seinen Besitz an Bedürftige.
2. Er vollendet seine Selbstzucht.
3. Er entwickelt die Tugend der Geduld.
4. Er übt sich in Energie.
5. Durch Meditation kann er das Dasein intuitiv erfassen.
6. Er gewinnt Einsicht in das konditionale Entstehen. Seine Weisheit vollendet sich.

Diese sechs Stufen bezeichnen zugleich die sechs Tugenden der Vollkommenheit (paramita) eines Bodhisattva.

II. Mit dem Erreichen der siebten Stufe wird er ein Transzendenter Bodhisattva. Diese Wesen werden Mahasattva, "Großwesen", genannt.
"Unter Transzendenten Bodhisattvas (...) versteht man solche Vollendete,
die Gier, Haß und Unwissenheit in sich vernichtet, Weisheit (prajna) entwickelt und somit die Erlösung vom Kreislauf der Wiedergeburten (samsara)
verwirklicht haben, ihr endgültiges Verlöschen (parinirvana) aber auf-
schieben, da es ihnen die Wirkungsmöglichkeiten in der Welt nehmen würde. Statt dessen ziehen sie es vor, voller Mitleid (karuna) freiwillig in der

Welt zu verbleiben und so lange Heilsbeistand zu leisten, bis alle Wesen erlöst sind."[1]

III. Weniger bekannt und erforscht ist die Vorstellung des "suffering saviour", des leidenden Retters, in der der Bodhisattva nicht nur beschließt, mit allen sterblichen Wesen Mitleid zu haben und ihnen zu helfen, sondern auch ihr äußerstes Leiden zu teilen (vgl. The Buddhist Tradition in India, China and Japan, ed. by Um.T. de Bary). Es scheint einen starken Einfluß des Nestorianischen Christentums auf den Mahayana-Buddhismus gegeben zu haben.

2.6.14 Das Herz der vollkommenen Weisheit (Text 80)

Dieses Sutra gehört zu den wichtigsten Texten des Mahayana Buddhismus und wird bei den Sesshins täglich vielmals als MAKA HANNYA HARAMITA SHIN GYO (japanisches Sanskrit) rezitiert. Es ist eine konzentrierte Fassung des Prajnaparamita-Sutra (Sutra der transzendentalen Weisheit), das wohl den wichtigsten Text des Mahayana Buddhismus darstellt. Die Kurzfassung Text 80 enthält also die Essenz der Lehre des nördlichen Buddhismus.

Wort- und Namenserklärungen:

Herz (shin) ist nicht mit dem Gemüt des Menschen gleichzusetzen, sondern bedeutet zugleich Geist und Zentrum des Menschen (Hara).

Weisheit (prajna): sie liegt nicht auf der Bewußtseinsebene des Dualistischen, der Trennung von Subjekt und Objekt und ist mit dem Verstand nicht zu erfassen. Sie gehört einer anderen Bewußtseinsdimension an: der transzendentalen Dimension des Dharma, der letzten Einheit der Wirklichkeit.

Das große Wort (Z.52) ist die Übersetzung des Sanskritwortes "Mantra". Ein Mantra besteht aus Keimsilben, Bijas, die höchstkonzentrierte kosmische Energien repräsentieren (z.B. OM MANI PADME HUM).

Avalokiteśvara: (vgl. 13.2) ist der Transzendente Bodhisattva, der das Mitleid (karuna) verkörpert.

Sariputra: war ein anderer Schüler Buddhas.

---

1) Hans Wolfgang Schumann: Buddhistische Bilderwelt, Eugen Diederichs Verlag Köln 1986, S.119

Interpretation:

Avalokiteśvara spricht hier die Erfahrung aus, die er im Samadhi gemacht hat. Im Samadhi selbst gibt es keine Worte, keinen Beobachter und kein Beobachtetes, aber im Augenblick des Erwachens aus dem Samadhi erkennt man im Nachhinein, daß dies die Erfahrung der letzten Wahrheit war. Aus Mitgefühl und Barmherzigkeit versucht Avalokiteśvara, diese Erfahrung mitzuteilen, obwohl sie eigentlich gar nicht mit Worten zu erfassen ist. Die Form, in der dies dennoch versucht wird, ist das Paradox: Form ist Leere und Leere ist Form. Das Zusammenfallen der Gegensätze kann eigentlich nur erlebt und gelebt werden.

Die wesentliche Aussage ist die, daß die vollkommene Weisheit, prajna, nicht statisch, sondern dynamisch ist; sie ist eine Energie, die zwei Aspekte annimmt:

Essenz	Funktion
MU: Nicht-Existenz	U: Existenz
Leere; Nichtform	Form
Kontraktion	Ausdehnung
Vergehen; Auflösung; Erlösung	Entstehen; Formung; Erfüllung
Nicht-Sein	Sein
Nirvana	Erscheinungswelt

Leere ist natürlich nicht nihilistisch zu verstehen, sondern als reine Potentialität und somit als Fülle (vgl. die vielen Bücher über Mystik mit dem Titel: Die Fülle der Leere).

Das Dharma, die letzte Wirklichkeit, manifestiert sich in jedem Augenblick als die Welt der Erscheinungen und kehrt im nächsten Augenblick in die Nicht-Form zurück.

Die Sinnen- und Erscheinungswelt hat also aus sich heraus keinen Bestand, ihre Wirklichkeit besteht darin, flüchtige Ausdrucksform der Leere zu sein. Dasselbe gilt für den Menschen als Konglomerat der fünf Daseinsfaktoren (Z.4-5; 14-16; 23-25), als ein Wesen, das mit Sinnesorganen ausgestattet ist und damit die Welt wahrnimmt (Z.26-29). Auch die in den vier edlen Wahrheiten angesprochene Welt des Leidens und die Erlösung aus ihr haben keine unabhängige Wirklichkeit (Z.32-38), keinen Bestand aus sich selbst.

Ein Bodhisattva, ein Erleuchtungswesen, ist zur transzendentalen Weisheit erwacht. Als solcher ist er im Einklang mit den Aktivitäten des Dharma. Er hat keine Begierden mehr, er haftet an nichts, möchte nichts aus der Erscheinungswelt festhalten. So kann er frei in jedem Augenblick sterben, sich selbst aufgeben, vergehen, leer werden, und im nächsten Augenblick auferstehen, sich mit dem Dharma neu manifestieren, ohne zu werten, ohne Vorlieben und Abscheu. Z.44: "das Nirvana im Jetzt zu erleben" bedeutet, in dem nicht-endenden Prozeß von Erlösung - Erfüllung; Erlösung - Erfüllung sich frei und ungebunden zu bewegen.

Das Wort für Mönch im Japanischen heißt übersetzt "Wasser und Wolke", d.h. keine feste Form haben, sondern frei sich aufgeben und neu formen können.

Das Mantra Z.52 ist etwa so zu übersetzen:

GATE GATE PARA GATE	hinüber, hinübergegangen
PARASAMGATE	angekommen, schon angekommen
	am anderen Ufer (Nirvana)
BODHISVAHA	erleuchtetes Wesen

Zugrunde liegt die Vorstellung des Buddhismus, daß unsere Welt einem reißenden Strom vergleichbar ist, an dem wir umherirren. Buddhas Lehre ist das Floß, das uns über den Fluß tragen kann. "Am anderen Ufer" liegt das Nirvana, die transzendente Wirklichkeit.

Der nicht erleuchtete Mensch wird durch seine Wünsche und Vorstellungen verwirrt (Z.42-43). Er erlebt die Erscheinungswelt nicht, wie sie ist, sondern wie er sie durch seine Wünsche und Vorstellungen formt. So lebt er unfrei in Angst und Bedrückung und hat sich doch sein Leiden selbst geschaffen. Das Leiden ist zweifach: 1. er hängt an Dingen, die vergangen sind und nicht wiederkehren, 2. er lebt in der Zukunft, die noch nicht gekommen ist und vielleicht nie kommt. Darum besteht die große Weisheit darin, in die Wirklichkeit, in das Jetzt zu erwachen und die Dinge so zu sehen, wie sie gerade sind und im nächsten Moment nicht mehr sind. Blitzschnell, zerbrechlich wie ein Aufblitzen, wie ein Luftbläschen, das auf einem Bächlein treibt, manifestiert sich das Dharma, und ein blitzschneller Geist ist nötig, diese Manifestation sofort zu erfassen.

Wie aber kann man Erleuchtung erlangen?

Nicht durch verstandesmäßiges Erfassen und nicht durch Anstrengung. Der erste Schritt besteht vielmehr in der Einsicht, daß die Menschen bereits erleuchtet sind. Es gilt, dem Raum zu geben, und das geschieht nur durch Ablassen von allem Tun, durch Loslassen. Durch Sich-Einlassen kommt Gelassenheit, bis es keinen Widerstand mehr gibt, kein "Ich" und kein "ich will", kein individuelles Tun.

Dieses lernt man in der Meditation. So wie der Atem frei strömt - so erhalten wir mit jedem Atemzug ein neues Selbst und geben es mit jedem Ausatmen wieder ab. Der Rhythmus ist: Einströmen:Ausdehnung - Moment der Ruhe - Abgeben, Auflösung - Moment tiefster Ruhe.

Einswerden mit dem "großen Gesetz", dem Dharma, das bedeutet, das staubfreie Auge der Wirklichkeit zu haben, genau und klar zu sehen, wo in dem Prozeß man sich in jedem Augenblick befindet.

Mit jedem Augenblick zum Leben kommen, einen Moment verbleiben, vergehen, aufgelöst werden im All in einem Moment vollkommener Ruhe - das ist das Herz der vollkommenen Weisheit.

So sagt Meister Rinzai: "Den ganzen Tag geht ein freier Mensch ohne Rang, ohne Namen frei ein und aus durch die sechs Sinnestore, ungehindert."

2.6.15 Das Mandala (Text 84 S.140-142 und Text 85 S.142-145)

Folgendes Vorgehen für den Unterricht wird vorgeschlagen:

1. Der Text 84 ist so klar, einfach und ausführlich, daß dazu kein Kommentar erforderlich ist. Die Struktur und Bedeutung des Mandala sollte in Gruppenarbeit herausgearbeitet werden. Dies ist eine notwendige Vorarbeit für die Bildbetrachtung S.143. Eine ausführliche Interpretation wird beigefügt.

2. Text 85 1. Teil (bis S.144)

   a) C.G. Jung entdeckte das Mandala als Phänomen in der Tiefenpsychologie, als Patienten ohne Kenntnis östlicher Religionen in ihren Träumen spontan Mandalas produzierten.

   Ausführliche Beispiele in: C.G. Jung: Psychologie und Religion, Studienausgabe Walter, Walter-Verlag, Olten und Freiburg i. Breisgau ^{2}1972, Kapitel III, S.80-127.

   b) Zur Rotation des Lichts als Urphänomen wird das Schema von Alfons Rosenberg beigefügt. Man kann es gut vervielfältigen und von den Schülern grundlegende Züge herausarbeiten lassen: (wirkt sowohl zwei- wie dreidimensional; wie man das Bild auch dreht, man steigt immer von unten nach oben; durch Gebrochenheit der Linien wird Bewegung erzeugt: Einfalten - Ausfalten usw. vgl. Text).

(Alfons Rosenberg: Christliche Bildmeditation, Kösel-Verlag, München 1975)

3. Interpretation des Mandalas S.143

Auf dieser tibetanischen Thangka ist das Samvara-Mandala abgebildet. Die tibetanische und besonders die tantrische Form des Mandala stellt eine komplizierte Hochform dar, die nur Eingeweihten ganz verständlich ist und die bei tantrischen Ritualen und bei der Initiation ihre Funktion hat. Auch hier sind die äußere Erscheinungswelt, die Lehre der Elemente, und die innere Welt des Geistes (Skandhas; Bewußtseinsformen) und die transzendente Welt des Urbuddha mit seinen vielfältigen Erscheinungsformen in einem komplizierten Diagramm zusammengeschaut.

Im Vajrayana - dem Diamantfahrzeug - der tibetanischen Form des Buddhismus sind Elemente des Shivaismus, des Shaktismus, des Tantrismus und des Schamanismus eingeflossen. Padmasambhara brachte 747 den Buddhismus nach Tibet. Er war ein indischer Tantriker und wurde ein bedeutender Lehrer des Vajrayana und ein Geister- und Dämonenbezwinger.

Zur Struktur des Mandala:

Beherrschend ist der große Kreis (= Mandala), der den Blick sammelt und schrittweise auf das Zentrum hinlenkt.

Das quadratische innere Feld ist ein reiner Palast mit vier Zugängen und Toren, in denen die himmlischen Erscheinungsformen des Transzendenten repräsentiert sind. Das Viereck gliedert sich in vier Dreiecke mit den Farben rot, grün, blau, gelb (von oben im Uhrzeigersinn gelesen). Der Kreis ist dreifach gegliedert, in drei Barrieren oder Schutzmauern:

1. in einen Flammenkranz; er symbolisiert das Bewußtsein, das die Dunkelheit des Irrtums vertreiben und alle Unwissenheit verbrennen muß.

2. Gewöhnlich findet man als zweite Barriere den Diamantzepterkreis, der die Initiation symbolisiert. Der Diamant steht für bodhi - Erleuchtung - und die unbewegte Helligkeit des Bewußtseins jenseits von Raum und Zeit. Auf diesem Bild ist der Diamantzepterkreis durch einen Kranz von 84 Lamas, Heiligen und Schutzgottheiten ersetzt.

3. Der Lotuskranz steht für die spirituelle Wiedergeburt. Die Blätter sind nach außen geöffnet. Götter sitzen auf einem geschlossenen Lotus; sie sind am Ende des Weges angelangt.

An den vier Eingängen ist jeweils das Rad der Lehre abgebildet. Oft sind her Türhüter angesiedelt, die Hinderniszerstörer darstellen. Im menschlichen Bewußtsein hausen dämonische Kräfte, die den Menschen bedrohen. Diese Kräfte werden von Yama, dem Todesgott, der auch das Samsara in seinen Klauen hält (S.121), beherrscht. Wie kann das Bewußtsein gegen solche Dämonen ankämpfen? Indem es selbst eine furchterregende Form annimmt. Dies sind die schrecklichen Aspekte der Gottheiten, die in monströsen Formen symbolisiert werden, um die Dämonen zu bezwingen (vgl. untere Bildhälfte).

Das Zentrum des inneren Kreises zeigt die jeweils herrschende Gottheit des Mandala. Ihre Bedeutung wird als Sinngebung des Mandala in die einzelnen Aspekte aufgefächert, die dann in einer entsprechenden Anzahl von Emanationen der zentralen Gottheit erscheinen.

Hier ist es die Göttin Ushnishavijaya, die eine Emanation des Buddha Vairocana (der Erleuchtende oder Strahlende) darstellt. In der tantrischen Mythologie ist Vairocana einer der fünf Tathagatas oder Jinas (- Sieger; - Überwinder der Leidenschaften; ein alter Beiname Buddhas).

Ushniashavijaya ist von weißer Farbe; sie hat drei Gesichter und acht Arme. Sie ist von einem Kranz von acht Lotusblättern umgeben, in denen abwechselnd Gefäße und Emanationen der Zentralen Gottheit zu sehen sind. Ein weiterer Kranz von 16 Gestalten betont die Kreisform. Weitere Emanationsfiguren befinden sich auf den Diagonalen und an den Torwegen.

Das Mandala ist in einen größeren Raum gestellt.

Im oberen Bereich sieht man drei Gestalten in der Mitte abgebildet: im Zentrum steht der blaue Urbuddha Vajradhara (der Halter des Vajra). Er ist das einzige oder Urprinzip des gesamten Kosmos. Die Jinas werden als seine Ausflüsse verstanden. Er ist in der Kreuzungsgeste dargestellt: der Donnerkeil oder das Diamantzepter vajra wird darin von rechts auf die linke weibliche Seite, die Glocke (Symbol der Vergänglichkeit - verhallender Ton) von links auf die rechte männliche Seite gebracht, so daß in der unio mystica die Gegensätze zusammenfallen.

Rechts von Vajradhara steht der Buddha Shakyamuni, der durch die Almosenschale als Ordensgründer gekennzeichnet ist; die rechte Hand vollführt die Zeugnisanrufungsgeste.

Links steht Padasambhava, der den Tantrismus symbolisiert. In der linken Hand hält er die Schädelschale und den magischen Stab, auf dessen Zierschleifen Sonne- und Mondsymbole zu sehen sind. Er trägt die Kleidung des Königs von Saor, die er von eben diesem König als Ehrung erhalten hatte. Die Mitra ist eine Spitzmütze aus Brokat, deren Seitenlappen hochgeschlagen sind.

Die Trias in der oberen Bildmitte drückt somit folgendes aus:
das Urprinzip bildet das Zentrum; rechts steht der historische Buddha und Begründer des Buddhismus; rechts ist der Mann zu sehen, der den Buddhismus nach Tibet brachte.

In den Wolken zu beiden Seiten sind Lamas und Äbte dargestellt. Diese stehen in Tibet an sehr hoher Stelle, da sie als Inkarnationen bestimmter Buddhas und Bodhisattvas gelten.

Im unteren Bereich befinden sich Schutzgottheiten in ihren dämonischen Erscheinungsformen (s. oben). Rechts unten reitet die schreckensvolle Schutzgöttin Lha-mo auf einem Pferd über ein Meer von Blut, links oben ist ein gelber Vaisravana auf einem weißen Löwen auszumachen.

4. Biblische Mandalas Text 85 2. Teil und Bibel
    a) Ezechiel 1 sollte gelesen und die Prophetenvision als Mandala gedeutet werden.

b) Die Abbildung S.250 (Buchmalerei) ist als christliche Deutung der Vision Ezechiels zu verstehen.

c) Das christliche Paradies-Mandala, das im Text 85 beschrieben wird, wird hier abgebildet, da sonst der Text schwer zu verstehen ist.

d) $Nu.1_{50-53}$; $^2{}_{1-34}$ Anordnung der israelitischen Stämme als Mandala. Vgl. dazu die Chagall-Fenster (12 Stämme) in der Synagoge des Hadassah-Krankenhauses in Jerusalem.

e) Über Text 8 hinausgehend sollten Schüler Beispiele für Mandalas selbständig finden (Labyrinth, z.B. in der Kathedrale von Chartres; die großen Radfenster gotischer Kathedralen usw.).

Ein sehr bekanntes und leicht zugängliches christliches Mandala stellt die Meditationstafel des Bruders Klaus von der Flüe dar, das vor einigen Jahren zu Misereor als Hungertuch ausgewählt worden war. Eine ausführliche Deutung findet sich bei A. Rosenberg a. a.O. S.115ff.

3. Zur Erschließung der Bilder: Methodische Hinweise

3.1 Bildende Kunst im Religionsunterricht - Grundsätze und Zugänge

Neben der durchgängigen Verfügbarkeit des gesamten Materials in einem Schülerband war die möglichst vielfältige Bebilderung mit klassischen und modernen Werken ein wichtiges Anliegen bei der Erstellung von "Einsichten gewinnen".

Während der künftige Religionslehrer im Verlauf seines Studiums ausführlich lernt, aufgrund von Lesen und Hören zu verstehen, gelingt es kaum einem Studenten, theologisches, sinnstiftendes Verstehen über das Sehen zu realisieren.

Diese einseitige Erkenntnisform überträgt sich dann in den Bereich der Schule, wo Schüler wie Lehrer primär über Texte bzw. über Sprache lernen. Daß sich über Werke der bildenden Kunst Welt- und Menschenbilder methodisch sinnvoll und obendrein motivational vollkommen anders als im verbalen Bereich erschließen lassen, gehört vielfach noch den den ausstehenden Entdeckungen von Schule und Unterricht. Die Künstler, die mit Formen und Farben "umgehen", sind sozusagen die Augen der jeweiligen Menschheit, wesentliche Zeugen von Vergangenheit und Gegenwart. Diese Zeugnisse hineinzuholen in die Grund- und Leistungskurse des RU der gymnasialen Oberstufe, ist m.E. ein lohnendes Ziel.

Welches sind die Gründe, die für einen verstärkten Einsatz von Werken der bildenden Kunst im RU der SII sprechen und wie kann der einzelne Religionslehrer einen Zugang zu solchen Werken finden?

Zunächst zu den wichtigsten Gründen für die Bildbetrachtung:

- Der RU vermittelt "Inhalte", die sich weithin empirisch erhebbarer Wirklichkeit entziehen; diese aufzuschließen, auf solchen Feldern Kenntnisse und Erkenntnisse zu vermitteln, ist in besonderer Weise durch bildende Kunst möglich; in vielen Fällen erfolgt es "direkter" und "einfacher" als auf texualem Wege.

- "Kunst gibt nicht das Sichtbare wieder, sondern macht sichtbar." (Paul Klee) Kunst macht Wirklichkeit sichtbar auf ihre spezifische Weise, so daß diese Ausdrucksform weder durch Wort noch durch Schrift eingeholt werden kann. Diese besondere Informationsübermittlung muß in den RU einbezogen werden, weil sonst Teile der Wirklichkeit unsichtbar bleiben, die hätten erhellt werden können. Kunst erklärt, teilt mit, beschreibt, schildert - auf ihre unnachahmliche Weise.

- Andererseits gilt aber auch: Kunst wird sich mit rationalen Mittel nie völlig entschlüsseln, entblättern lassen. Man kann Linien, Formen, Perspektiven und Farben erfassen, zuordnen, auszulegen versuchen, um zur Kernaussage eines Künstlers vorzustoßen: immer wird ein geheimnisvoller Rest übrigbleiben. "Wie auch sonst bei einem Symbol wird es nicht darum gehen, das Bild völlig zu entschlüsseln, sondern vielmehr Türen zu ihm zu öffnen, Annäherungen zu ermöglichen. Das stimmige Bild wird sein Geheimnis auch gegenüber einer angemessenen Interpretation bewahren.

Es behält einen Bedeutungsüberschuß gegenüber dem Gesagten und dem überhaupt Sagbaren." (Riedel, S.1)[1] Auch dadurch erweist sich Kunst als adäquate Ausdrucksform jener Inhalte, die der RU der SII zu vermitteln hat: den Fragen nach dem Sinn menschlichen Lebens, nach Glück und Heil, nach Werten und Normen.

- Die NRW-Richtlinien unterstreichen dies. (A.a.O., S.27). "Ausdrucksformen christlichen Lebens und Glaubens stehen in einem engen Zusammenhang mit der jeweiligen Kunst. Ebenso gibt es in Dichtung, Musik und bildender Kunst enge Zusammenhänge mit dem Christentum durch Aufnahme oder Ablehnung." Aufgrund des oben Ausgeführten halte ich die daraus gezogenen Schlüsse, daß "im Religionsunterricht (...) Kunstwerke vor allem um der in ihnen ausgesagten weltanschaulichen und christlichen Positionen willen betrachtet" werden, für eine Verkürzung, die weder den methodischen, noch den erkenntnistheoretischen Möglichkeiten der Bildinterpretation gerecht werden. Bildinterpretationen leisten mehr als ihnen curricular zugetraut wird.

Methodische Zugänge zu bildender Kunst im RU

Werkanalyse spielt sich im RU grundsätzlich nicht anders ab als im Kunst- oder Deutschunterricht. Vorauszusetzen ist, daß die curricularen Vorgaben andere sind und daß das Vorverständnis des Religionslehrers in der Regel ein anderes ist als das des Kunstlehrers. Dies ist mit zu bedenken.

Dazu kommt, daß der Religionslehrer als - meist - ungeschulter Betrachter von Kunst andere Zugriffsmodi wählen wird als der Kunstfachmann. Daher sollen im folgenden einige Gesichtspunkte zur Werkanalyse aufgelistet werden mit der Absicht, Umsetzungen im RU zu ermöglichen. Doch zuvor noch einige Gedanken zum Thema Kunstbetrachtung und Sehverhalten. "Eine mit

---

1) Ingrid Riedel: Bilder in Therapie, Kunst und Religion, Kreuz-Verlag, Stuttgart 1988

bildernischen Mitteln formulierte Botschaft besteht aus einem System von Zeichen und ihren Beziehungen." (Zacharias, S.28)[1] Was das Auge an Formen, Farben und Konturen wahrnimmt, gleichzeitig wahrnimmt, verläuft in der sprachlichen Vermittlung dann nacheinander. Hier müssen die verschiedenen bildnerischen Zeichen einzeln beschrieben, gedeutet, befragt und aufeinander bezogen werden. Dies wiederum geschieht nicht durch "einen" Menschen, sondern durch die vielen der Kursgruppe. Verschiedene Wahrnehmungsmöglichkeiten, psychologische und physiologische Bedingtheiten der einzelnen Schüler und des Lehrers, ein jeweils anderes Vorverständnis, lassen die Bildinterpretation zu einem schwierigen Unterfangen geraten. Daher kommt es sehr darauf an, durch möglichst klare Arbeitsaufträge dafür zu sorgen, daß während des Beschreibungs- und Interpretationsvorgangs ein möglichst hohes Maß an formaler Übereinkunft - im vorhinein - erzeugt werden kann. Die Werkanalyse kann dann im Unterricht in Form eines Dreischritts vollzogen werden:

1. Vorbereitende Begegnung mit dem Bild
2. Werkanalytische Bestandsaufnahme
3. Deutung des Bildes

1. Vorbereitende Begegnung mit dem Bild

In dieser Phase geht es zunächst um Informationsbeschaffung und um spontane Faszination von der Welt des Bildes. Neben der Schilderung der ersten direkten Eindrücke geht es dann um die Klärung folgender Fragen (Lehrervortrag/ev. Schülerreferat/Lexikontext Hausaufgabe):

"1. Von welchem Künstler stammt das Werk?
2. Welcher Epoche gehört es an, gegebenenfalls: wann und unter welchen Umständen entstand es?
3. Welches ist seine Bestimmung (Wanddekoration, Staffeleibild, Begräbnismalerei.)
4. Welche Technik wurde angewandt? (Fresko, Ölmalerei, Aquarell, Lithographie.)
5. Welches ist der Malgrund? (Holz, Wand, Leinwand, Papier.)
6. Welches sind die Maße des Werkes?"[2]

Es müssen nicht immer alle Fragen mit der gleichen Intensität beantwortet werden. Fragen, die nicht zum interpretatorischen Grundinstrumentarium gehören, können im RU durchaus entfallen.

1) Günter Lange: Bilder des Glaubens. 24 Farbholzschnitte zur Bibel von Thomas Zacharias, Kösel-Verlag, München 1978
2) Rene Berger: Die Sprache der Bilder, Verlag M. DuMont Schauberg, Köln S.382

2. Werkanalytische Bestandsaufnahme

Während dieser Phase muß die eigentliche Beobachtungsarbeit geleistet werden. Es geht darum, den Eigenwert der Bildwelten zu beschreiben, um den Botschaftswert, das Verborgene des Bildes entschlüsseln zu helfen. Das Einsehen in die jeweilige Bildwelt, zunächst nonverbal, erfordert Zeit – und die sollten wir den Schülern lassen. Bei der Bestandsaufnahme kann auf Daten aus dem ersten Analyseschritt zurückgegriffen werden (Technik/Material/Maße/etc.). Im eigentlichen handelt es sich im 2. Schritt um die Bereiche Genre und Bildgegenstand.

"1. Welches ist das Genre des Werkes?

Handelt es sich um ein Porträt, eine religiöse Darstellung, ein Historienbild, eine Landschaft, eine abstrakte Komposition?

2. Welches ist der Bildgegenstand?

a) Zunächst geht es darum, die Gesamtheit des Dargestellten zu erkennen. Im allgemeinen liefert der Bildtitel diese Art Angabe.

b) Nach Klärung dieses Punktes ist es erforderlich, den Bildgegenstand aufmerksam und bis in die Einzelheiten zu betrachten.

- Indem man die Gegenstände nacheinander feststellt: handelt es sich um eine religiöse Darstellung, ein Historienbild oder eine Allegorie, identifiziert man die Gestalten, den Ort, die Szenerie, die Handlung, gegebenenfalls die besonderen Verhältnisse, auf die angespielt wird.

- Indem man ihre Anordnung untersucht: nämlich die Art, in der die Gestalten und die Gegenstände gruppiert sind.

- Indem man im einzelnen die Haltung der Gestalten prüft, die Stellung der Gegenstände, all das, was sie im Hinblick auf ihre Erscheinung, ihre Ausmaße, ihren Gestus und ihre Mimik unterscheidet.

- Indem man die Farbe der Gestalten und der Gegenstände feststellt." (Berger, a.a.O., S.382)

Bei der Erfassung des Bildraumes, der Farbkomposition insgesamt des Bildgegenstandes geht es vorrangig darum, sich wirklich der "Bildsprache" auszuliefern, die Sehweise des Künstlers nachzuvollziehen, sein Welt- und Menschenbild zu rezipieren, um es dann zu versprachlichen: im Unterricht möglichst in einem dialogischen Gruppenprozeß.

Dies schafft die besten Voraussetzungen für eine angemessene Deutung des Bildes.

3. Die Deutung des Bildes

Bei der Deutung haben wir zu unterscheiden zwischen den Hinweisen, die

sich aus der Betrachtung des Bildes selbst ergeben und dem außerbildnerischen Kontext des Kunstwerks. Von den Hinweisen, die das Bild selbst
freigibt, sind Farbe, Komposition und Aufbau wohl am prägendsten. Falsch
wäre es, den Bildtitel ganz wegzulassen bei der Interpretation. Genauso
falsch, sein eigenes Urteil zu sehr vom Titel bestimmen zu lassen. Wenn
ein Bild ausschließlich vom Titel her gedeutet wird, mißbraucht man es,
weil man es nicht selbst zu Bild kommen läßt. Es kann sich dann wieder
nur sprachlich zu Wort melden - und damit kommt das Eigentliche der Bildsprache nicht zum Ausdruck.

Im Bereich des außerbildnerischen Kontexts sind neben biographischen
Daten (Entstehung/Befinden des Künstlers/siehe Abschnitt 1!) vor allem
zeitgeschichtliche Aspekte zu untersuchen. Darüberhinaus können Verglei-
che mit anderen Bildern desselben Künstlers, aber auch Bildern anderer
Künstler, die dasselbe Thema verarbeitet haben, von Wert sein. Oft haben
sich die Künstler auch schriftlich zu ihren Werken geäußert. Die Kenntnisnahme solcher Texte sollte aber das letzte Mittel sein, um sich dem Bildge-
halt zu nähern. Die unbefangene Deutung mit den oben beschriebenen Mitteln sollte im RU im Vordergrund stehen. Im Blickpunkt dieses dritten
Abschnittes sollte die Frage stehen, was hat dieses Bild an Botschaft vermitteln können, wo hat es Lehrer/Schüler in besonderer Weise angesprochen, wo sind Verhaltensweise hinterfragt, wo Wertvorstellungen ange-
kratzt, wo Aspekte des Menschen- und Weltverständnisses vertieft/verän-
dert worden? Jedes Bild hat ein Geheimnis und am Ende einer Bildbetrachtung sollte sich ein Stück dieses Geheimnisses gelüftet haben. Sigrid Riedel hat Recht, wenn sie sagt: "Das stimmige Bild wird sein Geheimnis auch
gegenüber einer angemessenen Interpretation bewahren". Das macht aber
die Mühe der Bildinterpretation nicht unnötig, im Gegenteil: beim Aufstö-
bern des Geheimnisses entdecken die Schüler und Lehrer soviel Unsagba-
res, daß dies allemal die Mühe lohnt, auch die Mühe des Religionslehrers,
sich in die Technik der Werkanalyse hineinzuversetzen.

Ein Gedanke zum Schluß: neben der kunstwissenschaftlichen Bemühung um
Bilder im RU ergibt natürlich auch die "Methode" der Bildmeditation, so
wie sie in der Gemeindearbeit, in der psychologischen Therapie, gelegent-
lich aber auch in der Schule verwandt wird, viele Chancen, einen Gewinn
zu erzielen. Das meditative Sich-einlassen auf Bildwelten, jenseits aller
fachspezifischer Methodik ist ein Weg, um Tiefenschichten der menschlichen
Psyche zu erreichen, die sonst im Bereich der Schule nicht angesprochen
werden.

3.2 Interpretation eines Bildes (Emil Scheibe: Jesu Geburt mit Bagger)[1]

Der Künstler, dem wir dieses Bild verdanken, Emil Scheibe, ist Zeitgenosse, er lebt in Süddeutschland. Scheibe ist 1914 in München geboren, hat an der Kunstakademie seiner Heimatstadt studiert und dort 1939 das Kunsterzieherexamen abgelegt. Seine Werke zeichnen sich durch eine vitale Farbkultur und durch gekonnte figurale Kompositionen aus. Gegen mächtige Strömungen in der Kunstgeschichte nimmt er seinen Weg an der abstrakten, ungegenständlichen Kunst vorbei und wendet sich auf realistische Weise der Auseinandersetzung mit den Problemen seiner Umwelt zu. Die Motive seiner ersten Schaffensperiode sind vom Erleben der Kriegs- und Nachkriegszeit bestimmt. In den 50er Jahren folgt eine Thematik, die dem Geschilderten eine tiefere Bedeutung, eine religiöse Fundierung gab. Die Werke Scheibes sind damals stark beachtet gewesen, und besonders die Evangelischen Kirchentage im Nachkriegsjahrzehnt haben seine Aussagen kontrovers diskutiert.

In dieser Schaffensperiode entstand auch ein Bild mit dem Titel "Weihnacht". Es diente Scheibe als Vorlage zu vorliegender Graphik.

Die Lithographie nennt der Künstler dann "Jesu Geburt mit Bagger". Zwei Gesichtspunkte fallen bereits dem flüchtigen Betrachter auf. Zum einen konfrontiert Scheibe die alte Geschichte mit der modernen technisierten Welt, und zum anderen vermeidet er es, die unchristliche, konsumorientierte vorweihnachtliche Jahrmarktsathmosphäre unserer Großstädte zu übernehmen. So gelingt es dem Künstler gut, die biblische Weihnachtstradition in die Gegenwart zu übertragen.

Er "schildert" eine alltägliche Straßenszene, so wie sie im Nachkriegsdeutschland, geprägt vom Wiederaufbau, hundertfach vorkam: ein Bauzaun, ein offener Schuppen (Bauhütte?), über dem bedrohlich der Greifarm eines Baggers schwebt (auf dem Bagger erkennt man den Buchstaben D). Als Accessoires zwei Holzblöcke, einer dem Bagger, ein anderer dem Bauzaun gegenüber. Neben dem Bagger eine Hochspannungsleitung. Alles zusammen umgrenzt einen hellen, viereckigen Raum, in dem verloren drei Steine liegen.

Im Schuppen ein Paar, davor ein Kind in einer Kiste. Neben dieser zusammengehörenden Dreiergruppe erkennen wir noch vier weitere Menschen, deren Blicke sich nicht kreuzen. Von großer Kommunikationsdichte sind diese menschlichen Beziehungen sicher nicht geprägt. Im Gegenteil: die Menschen wirken vereinzelt, verstört, stumm, unbeteiligt. Ein Mann mit

---

1) Schülerbuch S.165

einer Tasche in der Hand geht auf den Bagger zu. Ist es der Baggerführer, kurz vor Dienstantritt, dessen Tätigkeit zur Bedrohung für das Paar im Schuppen werden könnte? Obwohl alle Menschen sich in Einzelsituationen vorfinden, kommt doch kein Mitleid auf für die "heilige Familie". Das Bild signalisiert noch nicht einmal Verständnis.

Scheibes beängstigender Realismus macht deutlich, wie dicht Menschen am Menschlichen vorbeigehen können, wie schnell man über der eigenen (Aufbau-)Situation die der Mitmenschen über-sehen kann. An sich sind sich alle sieben Figuren räumlich nahe, es kommt jedoch zu keinem Verständnis, zu keinem Mitleid, zu keiner Hilfe.

Neben diesem anthropologischen Aspekt kommt die Bedrohung des Menschen durch die Technik zum Ausdruck (z.B. Greifarm des Baggers). Aufbau braucht nicht zur Behaustheit führen. Scheibe gelingt es überzeugend, die alltägliche Straßenkulisse in ihrer hellen Kälte mit der Stall-/Höhlensituation des lukanischen Weihnachtsevangeliums zusammenzubringen. Hier findet eine nachvollziehbare Transponation statt. Die Ignoranz bzw. die Bedrohung gegenüber dem göttlichen Heilbringer war zum Jahre 0 gewiß nicht größer als zum Zeitpunkt der Entstehung des Blattes (1954) oder auch 1988.

Zur unterrichtlichen Bearbeitung empfiehlt es sich, die im Bild "angesprochenen" lukanischen Bezüge materialiter heranzuziehen. Ob es der Aspekt der Bedrohung durch Herodes (Bagger?), nachlesbar in Lk.2,16-18 ist oder der fehlende Platz in der Herberge in Bethlehem (Lk.2,1-7/ hier repräsentiert durch die windige Baubude), in beiden Fällen gelingt Scheibe ein eindrucksvoller Transfer.

Wichtig für die unterrichtliche Bearbeitung scheint mir aber nicht nur das Aufzeigen der sterilen Kälte, der Beziehungslosigkeit der Menschen und der Bedrohung der Dreiergruppe zu sein, sondern es muß auch der Frage nachgegangen werden, wie diese unmenschliche Atmosphäre zu überwinden wäre. Ein biblischer Beleg hierfür ist Lk.2,8-20, die Hirtengeschichte in der Weihnachtserzählung. Es wäre eine reizvolle Aufgabe für einen Kurs zu überlegen, was "auf" der Scheibeschen Lithographie "geschehen" müßte, um jenen Lobpreis hervorzurufen, von dem mehrfach in Lk.2 die Rede ist. Untheologisch ausgedrückt: wie finden die Menschen auf dem Blatt zur Solidarität? Wer ist am stärksten bedroht, ist also am meisten auf den Schutz angewiesen? Solche Überlegungen sollten im Rahmen einer Gruppenarbeitsphase angebahnt und dann im Plenum diskutiert werden. Reizvoll wäre sicher auch nach abgeschlossener Interpretation ein Vergleich mit dem klassischen Weihnachtsbild von Meister Francke auf S.150 des Schülerbuches. Auch hier werden die biblischen Bezüge sehr zeitgemäß interpretiert und damit fortgeschrieben.

3.3 Die Ochsenbilder - eine Verdeutlichung des Weges zur Erleuchtung im Zen-Buddhismus (Erläuterungen zu einer bildgeleiteten Unterrichtssequenz)

(Christa Baron)

Die Ochsenbilder[1] sind frühchinesischen Ursprungs. Die älteste Fassung endete mit dem Bild des leeren Kreises. Die uns vorliegenden Bilder gehen auf Meister Kuo-an zurück (12. Jahrhundert), der dem Bild des leeren Kreises noch zwei weitere Bilder hinzufügte und je ein Lobgedicht zu den Bildern verfaßte. Meister Tsi-yüan schrieb Vorreden zu jedem Bild, und zwei weitere Meister verfaßten noch je zehn Lobgedichte zu den Bildern.

Die Bilder, Vorreden und Lobgedichte spiegeln und erläutern sich gegenseitig.

Die uns vorliegenden Tuschezeichnungen stammen von dem zeitgenössischen japanischen Maler Gyokusei Jikihara.

Aus großer Barmherzigkeit mit ihren Schülern schufen die Zenmeister diese Bilder und Gedichte. Sie sind Hinweise auf die Wahrheit, d.h. das wahre Wesen des Menschen, zu dem sie ihre Schüler zu erwecken suchen. Es sind nicht Meditationsbilder im üblichen Sinn, sondern die Zen-Wahrheit leuchtet aus ihnen direkt hervor. Deshalb haben sie auch einen sehr hohen Rang und spielen bei der Unterweisung eine bedeutende Rolle.

Der Ochse war immer schon für das Leben der Landbevölkerung in Indien und China von lebenswichtiger Bedeutung. Deshalb hat man ihn wohl auch zum Sinnbild des wahren Wesens des Menschen, das auch das ursprüngliche Gesicht, das Herz, die Buddha-Natur oder das unbegrenzte Selbst genannt wird, gewählt. Der Hirte ist der Schüler.

Nach buddhistischer Auffassung (vgl. Die vier edlen Wahrheiten S.116 Nr.70) sind die Menschen im allgemeinen unzufrieden. Getrieben von den drei Grundübeln Verblendung, Haß und Begierde (vgl. S.121 Das Rad des Lebens) haften sie an vergänglichen Gütern. Sie wählen, was angenehm ist und suchen das Unangenehme zu vermeiden. So verschließen sie sich dem Gang der Ereignisse, bilden ein abgetrenntes Ego und finden in dieser wandelbaren Welt kein wahres Glück und keinen Frieden. Buddha ist der aus dem Traum der Scheinwelt zum wahren Leben Erwachte. Nach der Lehre des Zen ist jedes Lebewesen in Wahrheit schon Buddha. So ist der

---

1) Schülerbuch S.134-139

Ochse nie verlorengegangen. Nur der Mensch hat sich von seinem Ursprung entfremdet und sich an die umweltlichen Dinge und an sein kleines Ich verloren. Die Ochsenbilder bilden das Bemühen ab, den Menschen zu seinem wahren Wesen zurückzuführen.

I. Bild: Es stellt den Menschen dar, der an seiner Ich-Gefangenschaft leidet und nach Befreiung strebt. Er ist bereits aufgebrochen, auf dem Weg, aber er irrt noch richtungslos und verloren umher.

II. Bild: In der Vorrede Meister Tsi-yüans heißt es: "Durch Sutras und Lehren findet er die Spuren des Ochsen. Er hat genau verstanden, daß verschieden geformte goldene Gefäße doch alle von dem gleichen Golde sind (...)". Indem der Schüler die Lehrreden Buddhas und die Aussprüche der Meister studiert, eignet er sich begriffliche, theoretische Kenntnisse an. Er fängt an, das Wesensgesetz der sogenannten Wirklichkeit intellektuell zu ergründen. Er weiß jetzt, daß alles auf das eine Wesen (Gold) des Selbst zurückzuführen ist. Aber er sucht noch außerhalb, hat die Vorstellung von "zwei"; er hat das Tor der inneren Erfahrung noch nicht durchschritten. Die beiden letzten Zeilen des Lobgedichtes werden durch die folgenden Worte des Meister Ikkyu erläutert: "Was ist gemeint mit dem Herzen? Obwohl es unsichtbar ist, erfüllt es Himmel und Erde."

III. Bild: Es gibt eine Zen-Geschichte über Meister Pan-shan Bau-dji, als er noch Mönch war: "Eines Tages ging der Mönch Pan-shan in die Stadt hinab. Zufällig sah er beim Metzger einen Mann, der Fleisch vom Wildschwein kaufen wollte. Der Käufer sagte: Ein Pfund erlesenes, gutes Fleisch vom Wildschwein, bitte. Da warf der Metzgermeister sein Fleischermesser fort, verschränkte die Arme und erwiderte: Bei mir gibt es nur gutes Fleisch und kein Stückchen schlechtes. Als er dies gehört hatte, kam der Mönch Pan-shan zum Erwachen."
Es handelt sich hier um eine plötzliche, tiefe Einsicht. Schlagartig durchschaut der Mönch die Wirklichkeit und erkennt: vom Ursprung her ist alles gut, wenn man nicht wählt und Unterschiede macht. Solange die Menschen aber auf ihre Wünsche fixiert sind, können sie den Ochsen nicht sehen.
Der Schüler (Bild 3) hat einen Einblick in seine wahre Natur gehabt (Kensho) aber er hat sich diese Wahrheit noch nicht angeeignet.
Das Lobgedicht beschreibt die Landschaft des Herzens, in die der Schüler nun eintreten kann. Dieser Bereich seines wahren Wesens (Reinheit, Weisheit) wird von keinem Sprechen und Malen erfaßt.

94

IV. Bild: Erst wenn der Schüler den Ochsen - d.h. sein wahres Wesen - erblickt hat, kann er die Arbeit an sich selbst beginnen. Die Gewohnheiten seines bisherigen Lebens, die Konditionierungen und Leidenschaften dauern an und bestimmen ihn noch. Lange, unablässige Anstrengung ist notwendig. Der Durchbruch kann plötzlich kommen, aber bis zum Ende seines Lebens muß der Schüler an sich selbst schmieden.

Ich zitierte aus dem Bericht eines Japaners: Während eines Sesshins "in einer Sommernacht, da ich mich mit entschlossener Ausschließlichkeit meiner Übung am Koan Mu widmete, erlebte ich einen Zustand, der mir vorkam, als blickte ich auf einen weiten, völlig transparenten Himmel, und im nächsten Augenblick konnte ich mit klarer und scharfer Bewußtheit in die Welt von Mu eindringen. Sofort suchte ich Taji Roshi auf und bat ihn, mich im Dokusan zu empfangen. Er bestätigte meine Wesensschau, nachdem ich unverzüglich geantwortet hatte auf die Frage: Wie alt ist Kannon? Schneiden Sie das Wort Mu in drei Teile und andere Prüfungsfragen. Darauf belehrte er mich folgendermaßen: "Zwischen seichter und tiefer Wesensschau ist ein ungeheurer Unterschied. Diese verschiedenen Stufen werden in den Zehn Ochsenbildern dargestellt. Die Tiefe Ihrer Erleuchtung ist nicht größer als jene, die im dritten Bild gezeigt wird, nämlich das "Erblicken des Ochsen". Mit anderen Worten: Sie haben nur einen flüchtigen Blick auf den Bereich "jenseits der Erscheinung der Form" geworfen. Ihre Erleuchtung ist solcher Art, daß Sie sie leicht aus den Augen verlieren können, wenn Sie faul werden und weiteres Üben aufgeben. Zudem bleiben Sie Ihr eigenes altes Ich - nichts ist hinzugefügt worden. Sie sind nicht bedeutender geworden. Aber wenn Sie mit Zazen fortfahren, werden Sie den Punkt erreichen, da Sie den Ochsen packen, d.h. die vierte Stufe. Derzeit "besitzen" Sie sozusagen Ihre Wesensschau nicht (...). Die zehnte und letzte Stufe ist jene, da man seine Schulung vollständig beendet hat und sich ganz als man selber unter gewöhnlichen Menschen bewegt, ihnen hilft, wo immer möglich, frei von allem Verhaftetsein an Erleuchtung. Es ist das Ziel des Lebens, in diesem letzten Zustand zu leben, und um das zu bewältigen, mögen viele Daseinszyklen erforderlich sein. Sie haben nun den Fuß auf den Weg gesetzt, der zu diesem Ziel führt, und dafür sollten Sie dankbar sein."[1]

Zum Lobgedicht: Hohe Ebene: der Ort, an dem es keine dunkle Wolke mehr gibt. Tiefe Stätten der Nebel und Wolken: Welt der Ungelichtetheit und der weltlichen Leidenschaften.

---

1) Vgl. Philip Kapleau: Die drei Pfeiler des Zen, O.W. Barth Verlag, München 1984, S.319

V. Bild: Nun beginnt die Übung nach dem Durchbruch, die darin besteht, in allem Tun und Lassen, in jeder Lage, den Ochsen und sich selbst zum reinen Einen zu bringen. Diese Übung ist schwer und erfordert große Ausdauer und Kraft. Mit Peitsche und Zügel im Lobgedicht sind die Koanübungen und Zazen gemeint. In Japan übt sich der Schüler zunächst drei Jahre lang in Meditation und Atemzählen bzw. Atembeobachten. Erst wenn Gedanken und Gefühle beruhigt sind und der Schüler sich von Leisten auf Loslassen und von Gedankenarbeit auf Intuition umgestellt hat, kann die Koanarbeit beginnen. In den Dharma-Worten des Meisters Bassui heißt es dazu: "Beim Üben des Zazen dürft ihr die Gedanken, die sich erheben, weder hassen noch lieben. Durchdringt einzig und allein forschend den eigenen Geist, Ursprung dieser Gedanken, bis zum Äußersten. Wisset, daß alles, was in eurem Bewußtsein auftaucht, alles, was ihr mit Augen seht, ein Wahngebilde ohne jede Wirklichkeit ist. Also sollt ihr solches weder fürchten, noch schätzen, weder lieben, noch verabscheuen (...). Ihr müßt einzig zu der Frage werden: Was ist mein eigener Geist? oder auch: Was nur ist dieser Meister, der in diesem Augenblick all die Laute vernimmt?" Der Übende lernt Geduld und Toleranz mit sich selbst und anderen; er wird gelassener.

VI. Bild: Es gibt eine Zen-Geschichte über Meister Tai-an: "Der Mönch Tai-an besuchte einst Meister Bai-dschang, bat um Belehrung und fragte: Wer ist Buddha? Darauf antwortete der Meister: Es scheint, daß der, der doch schon auf dem Ochsen sitzt, den Ochsen sucht. Tai-an fragte weiter: Wie ergeht es dem Schüler, nachdem er den Ochsen erkannt hat? Die Antwort lautete: Wie wenn er, auf dem Rücken des Ochsen sitzend, heimkehrte. Und wieder fragte der Schüler: Ich verstehet noch nicht gut. Wie soll er es bewahren? Da erwiderte Meister Bai-dschang: Mache es so wie der Hirte, der seinen Ochsen mit dem Stock überwacht, damit er kein Futter von der Wiese der anderen Menschen fresse. Hier verstand der Mönch Tai-an, was der Meister sagte und sucht nicht mehr bei anderen."
Spielerisch, ohne Mühe und Anstrengung, heiter und gelassen kehrt der Hirte auf dem Ochsen heim. In ungehinderter Freiheit und Freude spielt er die Melodie des Nicht-Lebens. Die grenzenlose Fröhlichkeit der Musik kann nur der Erwachte hören, ohne sie mitteilen zu können. Alles Tun und Lassen des Erleuchteten bringt dieses innere Lied zum Klingen.

VII. Bild: Die Vorrede von Meister Tsi-yüan lautet: "Im Dharma gibt es keine Zweiheit. Der Ochse ist unser urinnerstes Wesen - das hat er nun erkannt. Eine Falle ist nicht mehr erforderlich, wenn der Hase gefangen ist, ein Netz ist nicht mehr vonnöten, wenn der Fisch geködert ist. Es ist, als wäre Gold von der Schlacke befreit worden; als wäre der Mond zwischen den Wolken zum Vorschein gekommen. Ein Strahl von klarstem Glanz strahlt immer von Urbeginn an."

Dharma bedeutet hier den Ursprung oder das anfängliche Wesen allen Seins. Im Hoke-Sutra heißt es: "Im Gewöhnlichen sind Gut und Böse, Recht und Unrecht geschieden, aber im Anfänglichen gibt es nicht Gut und Böse, nicht Recht und Unrecht, sondern es ist nur das Eine. In diesem anfänglichen Wesen sind Ochs und Hirte Eins geworden, sind ungeschieden."

"Im Gewöhnlichen ..." bezeichnet hier die relative Ebene, "im Anfänglichen" die absolute Ebene.

Alle Lehrreden Buddhas sind nur wie ein Finger, der auf den Mond weist. So ist auch der Ochse nur Hinweis, nur Wegweiser. Wenn man angekommen ist, braucht man den Wegweiser nicht mehr.

Der Hirte ist heimgekehrt. Er sitzt still und müßig, denn es gibt nichts mehr anzunehmen und nichts mehr abzuwerfen. Meister Ikkyu sagte dazu: "Solange ich nicht vergessen wollte, vergaß ich stets. Nun, da ich vergessen habe, vergesse ich nicht mehr." (d.h. der Ochse ist vergessen, der Hirte bleibt.) Der Hirte schläft in seinem eigenen Heim unbekümmert und sorglos, während die Sonne noch hoch am Himmel steht. Meister Myoe sagte: "Seit Tagen mache ich keinen Dienst mehr für das zukünftige Leben und überlasse alles dem Einatmen und Ausatmen." Wenn der Schüler Hunger hat, so ißt er, wenn er müde ist, so schläft er. Keine Sorge drückt ihn. Sein Leben lang braucht er das "kühle Licht", ohne es je aufbrauchen zu können.

VIII. Bild: Die Stufe, die durch den leeren Kreis versinnbildlicht wird, drückt das eigentliche Wesen des Zen aus. Es war ja auch das letzte Bild in der ältesten Fassung des Meister Tjing-dju. Der Zen-Schüler muß in einen Bereich eindringen, der jenseits sowohl von Dualität wie von Einheit liegt. In diesem Bereich gibt es weder Sein noch Nicht-Sein - es ist die absolute Nichtheit und Ungeschiedenheit. Das Symbol dafür ist der leere Kreis. Der Zenmeister Dr. Hisamatsu (gestorben 1980) spricht von dem "Formlosen Selbst". Dieses Selbst ist durch seine räumliche und zeitliche Form eingeschränkt und daher nicht vollkommen frei. Es gilt, auch diese

Begrenzung zu überwinden, um frei von Leben-und-Tod zu sein. Es ist die
Tiefe des menschlichen Wesens, die man auch Satori nennen könnte.
Wer hierher gelangt, lebt in der "Abgeschiedenheit", d.h. in der vollkommenen Vergessenheit von Hirt und Ochsen. In dieser Vergessenheit verehrt der Schüler weder die heiligen Meister, noch schätzt er seinen eigenen Geist. Das Herz wird leer, die Lage still, der Leib wird so, wie er
ist. Wenn einer hierher gelangt, wird sein Herz wie ein klarer Spiegel, der
die Dinge spiegelt, wie sie sind, ohne eigene Meinungen und Bewertungen.
Er läßt das Irren und hängt nicht an der Wahrheit. Er läßt das Sein und
hängt nicht am Nichts. Er wohnt weder im Irren noch im Erwachen. Er ist
weder weltlich noch heilig. Alle weltlichen Begierden sind abgefallen, und
zugleich hat sich der Sinn der Heiligkeit spurlos geleert.
Die Sage von den Blumen weihenden Vögeln versinnbildlicht diese Geisteshaltung: "Einst saß Meister Niu-tou in einer Steinhöhle beim Tempel Yu-tji
am Berge Niu-tou und übte fleißig. Da kamen viele Vögel und weihten ihm
Blumen, um seine außerordentliche Tugend zu loben. Später aber, als Niu-
tou beim vierten Patriarchen das Wort des Zen gewonnen hatte, brachte
ihm kein Vogel mehr Blumen." Der Mensch, dem die Vögel Blumen weihen,
hängt noch an der Heiligkeit. Der Mensch der achten Stufe hat nicht einmal mehr die Aura von Hingabe und Tugend.
Diese Geisteshaltung wird auch in dem ersten Beispiel des Hekiganroku
ausgedrückt. "Der Kaiser Wu-Di fragte den Großmeister Bodhidharma: Welches ist der höchste Sinn der heiligen Wahrheit? Bodhidharma sagte: Offe-
ne Weite, nichts von heilig. Der Kaiser fragte weiter: Wer ist das uns
gegenüber? Bodhidharma erwiderte: Ich weiß es nicht (no knowing), und
er ging weg und setzte über den Strom nach We." Der Kaiser war ein großer Förderer des Buddhismus, aber er hing noch an Anerkennung und Lob
und erkannte Bodhidharma, der den Buddhismus von Indien nach China
brachte, nicht. Bodhidharma hatte die Stufe erreicht, in der es nur noch
Offenheit gibt und in der der Mensch aus einer Tiefe lebt, die nicht mit
Worten zu erfassen ist.

IX. Bild: Meister Ohtsu sagte: "Als wir noch nicht erwacht waren, war der
Berg nur Berg und der Fluß nur Fluß. Als wir aber durch die Übung
beim einsichtigen Meister ein einziges Mal jäh erwachten, war der Berg
nicht Berg und der Fluß nicht Fluß, war die Weide nicht grün und die
Blume nicht rot. Schreiten wir aber weiter auf dem Weg des Aufganges
und gelangen hier in den "Grund und Ursprung", dann ist der Berg
durchaus Berg und der Fluß durchaus Fluß, ist die Weide grün und die

Blume rot." Das vollendete Erwachen ist gleich dem Noch-nicht-Erwachen, trotz des großen Wesensunterschiedes beider.

Das Noch-nicht-Erwachen liegt auf der relativen Ebene, das Erwachen auf der absoluten. Man kann weitere Unterschiede benennen: 1. Keine eigenen Vorstellungen beflecken mehr die Sicht der Natur, der Geist ist ein reiner Spiegel. 2. Man sieht die Dinge in ihrer Totalität, d.h. man durchschaut sie bis zu ihrem geistigen Ursprung. 3. Zwischen den Dingen und dem eigenen Selbst, das ja formlos-grenzenlos ist, gibt es keinen Unterschied. Da der Schüler sein beschränktes Ego-Selbst abgeworfen hat, ist er in seinem unbegrenzten Nicht-Ich-Selbst eins mit dem Dharma. Wenn sich das Dharma als Baum oder Fluß manifestiert, so äußert sich gleichzeitig darin das Spiel der selbstlosen Freiheit des Selbst.

Meister Tai-me schreibt: "Liebe Schüler, wendet euer Herz um und gelangt in den Ursprung. Sucht nicht nach dem Entsprungenen! Wenn ihr den Ursprung gewonnen habt, kommt das Entsprungene von selbst zu euch. Wenn ihr den Ursprung wissen wollt, dann durchblickt euer eigenes und anfängliches Herz. Dieses Herz ist der Ursprung alles weltlich und außerweltlich Anwesenden. Deshalb, wenn das Herz sich ereignet, ereignet sich das mannigfaltig Anwesende. Wenn euer Herz weder durch Gutes noch durch Böses umgetrieben wird, ist alles Anwesende so, wie es ist."

Betraf die achte Stufe das Wesen (Ungeschiedenheit), so die neunte das Anwesende (Geschiedenheit). Das Absolute als Wesen manifestiert sich im Relativen als die Vielheit der Dinge. Diese Vielheit kehrt dann wieder in die Ungeschiedenheit des Ursprungs zurück (vgl. S.129 Nr.80: "Die Welt der Dinge ist nichts als Leere, und Leere ist nichts als die Welt der Dinge").

In diesem Kreislauf fließt das ungehinderte Wesen des Zen.

Einige Zen-Sprüche verdeutlichen dieses: "Die rauschende Stimme des Talbaches spricht stetig und eindringlich die Wahrheit. Der grüne Berg ist nichts anderes als der Leib der Reinheit." "Der alte Kiefernbaum, durch den der Wind weht, spricht die Weisheit. Der still singende Vogel spricht die Wahrheit". Ähnlich sind die letzten Zeilen des Lobgedichtes zu verstehen. Der Mensch nimmt nicht mehr mit den Sinnen wahr (stumm und taub), sondern mit dem Herzen.

X. Bild: Vorbild für die Gestalt auf dem zehnten Bild ist der chinesische Bettelmönch Bu-dai (japanisch Hotei, gestorben 916). Von ihm wird berichtet: "Er war von geschmeidiger Gestalt und hatte einen Dickbauch. Sein Sprechen war ganz ohne Regeln. Er schlief überall, wo er wollte. An seinem Stab trug er stets einen großen Tuchsack, in den er seine persönliche Habe legte." In Japan wird er als einer der sieben Glücksgötter verehrt. Stets wird er mit offener Brust und dickem Bauch dargestellt und oft mit Shakyamuni Buddha verwechselt.

Hat der Mensch sein begrenztes Ego aufgegeben, tritt sein wahres Wesen: Güte (maitri-Pali:metta), Hingabe, Barmherzigkeit, Weisheit klar zutage. Es drängt ihn, in die Welt (auf den Markt) zu gehen, um rückhaltlos (mit offenen Händen) andere Menschen zu retten. Das Niedrige und Schmutzige schreckt ihn nicht (schmutzbedeckt und mit Asche beschmiert). Ohne Tempel zu bauen, zeigt er die Würde des Buddha. Er verbirgt nichts; in der echten Wahrheit gibt es keine Geheimnisse und Wunder. Mit den "dürren Bäumen" im Gedicht sind Menschen gemeint, die er zum wahren Leben erweckt. Sein Leben spielt über alle moralischen und religiösen Gesetze hinweg. Sein Tun ist vollkommen frei. Er lebt aus dem Geheimnis des Ursprungs. Diese Seinsart des Menschen heißt "Lotus im Feuer" oder "Juwel im Schlamm".

VIII.-X. Bild: Die drei letzten Bilder des Zyklus beschreiben drei Aspekte oder Dimensionen des einen Seins: Nichts, Natur, Interpersonalität. Das Selbst tritt in steter Bewegung und Verwandlung dreifach in Erscheinung: 1. ins Nichts spurlos werdend, 2. wie Blumen selbstlos mitblühend, 3. in der Begegnung mit anderen in diesen das eigene Selbst selbstlos mitsehend.

Dieses Selbst hat keine Substanz, sondern ist Bewegung: nämlich aus sich heraus und in sich zurück bzw. aus der Ungeschiedenheit in die Welt der Unterschiede, in unendlicher Offenheit und Freiheit, und - sich selbst aufgebend und hingebend - zurück in die Ungeschiedenheit des Nichts.

Ein altes Zen-Gedicht möge am Schluß die Zen-Wahrheit zusammenfassen:

Es regnet und nebelt im Berge Lü-shan.

Es flutet die Flut hoch und weit im Flusse Hsi-Djiang.

Solange einer nicht dorthin gelangt,

Währt seine Betrübnis alle Zeit.

Wenn einer dorthin gelangt und wieder zurückkommt,

Ist ihm die Welt ohne Besonderheit, wie sie ist.

Es regnet und nebelt im Berge Lü-shan.

Es flutet die Flut hoch und weit im Flusse Hsi-Djiang.

Literatur: Der Ochse und sein Hirt - Zen-Geschichte aus dem alten China, Verlag Günther Neske, Pfullingen [5]1985.

Philip Kapleau: Die drei Pfeiler des Zen, O.W. Barth-Verlag, München [6]1984

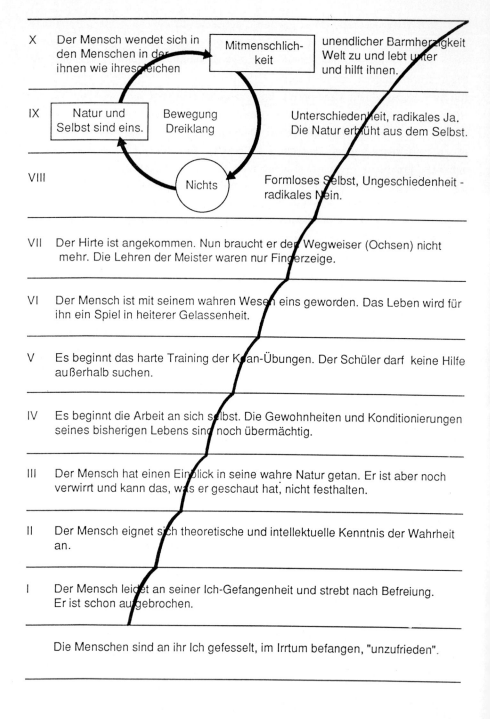

X Der Mensch wendet sich in den Menschen in der ihnen wie ihresgleichen

Mitmenschlich-keit

unendlicher Barmherzigkeit Welt zu und lebt unter und hilft ihnen.

IX Natur und Selbst sind eins.

Bewegung Dreiklang

Unterschiedenheit, radikales Ja. Die Natur erblüht aus dem Selbst.

VIII

Nichts

Formloses Selbst, Ungeschiedenheit - radikales Nein.

VII Der Hirte ist angekommen. Nun braucht er den Wegweiser (Ochsen) nicht mehr. Die Lehren der Meister waren nur Fingerzeige.

VI Der Mensch ist mit seinem wahren Wesen eins geworden. Das Leben wird für ihn ein Spiel in heiterer Gelassenheit.

V Es beginnt das harte Training der Kōan-Übungen. Der Schüler darf keine Hilfe außerhalb suchen.

IV Es beginnt die Arbeit an sich selbst. Die Gewohnheiten und Konditionierungen seines bisherigen Lebens sind noch übermächtig.

III Der Mensch hat einen Einblick in seine wahre Natur getan. Er ist aber noch verwirrt und kann das, was er geschaut hat, nicht festhalten.

II Der Mensch eignet sich theoretische und intellektuelle Kenntnis der Wahrheit an.

I Der Mensch leidet an seiner Ich-Gefangenheit und strebt nach Befreiung. Er ist schon aufgebrochen.

Die Menschen sind an ihr Ich gefesselt, im Irrtum befangen, "unzufrieden".

4. Zur didaktischen Erschließung der Schülermaterialien

45	Karl Marx:	Thesen zu Feuerbachs Releigions-kritik
46	Helmut Gollwitzer:	Das marxistische Nein zur Religion
47	Günter Rohrmoser:	Der Marxismus und das Problem seiner Wirkungskraft*
48	Friedrich Nietzsche:	Gott ist eine Mutmaßung
49	Sigmund Freud:	Religion als Abwehr der Hilflosig-keit
50	Albert Camus:	Was schert mich Gott?*
51	Jean Paul Sartre:	Du bist ein Gott und ich bin frei
52	Heinz Zahrnt:	Stammt Gott vom Menschen ab
53	Pinchas Lapide/Karl Rahner:	Der Gott der Dialogik - oder: die personale Beziehung zum Absoluten
54	Rudolf Bohren:	O große not I/II

1.5 Einheit von Selbst und Gott - Hinduismus und Buddhismus

Hinduismus:

55	Anneliese Keilhauer:	Das Wesen des Hinduismus
56	Heinrich A. Mertens:	Die Literatur des Hinduismus
57	Aus dem Rigveda:	Der Ursprung der Welt
58	Johannes Lähnemann:	Das Kastenwesen
59	Aus den Upanishaden:	Tat twam asi - das bist du
60	Aus der Bhagavadgita:	Drum richt' auf mich nur ...
61	Anneliese Keilhauer:	Das Karman oder Karma
62	Shri Ramana Maharishi:	Der wahre Lehrer
63	Anantharaman/Baron:	Definitionen des Begriffs Yoga
64	Hiroshi Motoyama:	Dharana, Dhyana und Samadhi*
65	Fritjof Capra:	Kosmische Strahlen*
66	Mahatma Gandhi:	Die Methode des gewaltlosen Widerstandes

Buddhismus

67	Daisetz Teiara Suzuki:	Wesenszüge des Ostens ...
68	Tennyson/Steipe:	Flower in a crannied wall ...
69	Johann Wolfgang von Goethe:	Gefunden
70	Siddharta Gautama:	Die vier edlen Wahrheiten
71	Friedrich Griese:	Das Leben Buddhas ...
72	Christa Baron:	Das Leben des Buddha

73	Anneliese Keilhauer:	Der Kausalnexus*
74	Anneliese Keilhauer:	Grundzüge des Hinayana
75	Aus der Hinayana Lit.:	Arahants
76	Aus dem Wahrheitspfad:	Das Paar-Kapitel
77	Edward Conze (Übers.):	Das Nirwana
78	Aus der Mahayana Lit.:	Der Buddha
79	Edward Conze (Übers.):	Das unendliche Mitfühlen ...
80	Edward Conze (Übers.):	Das Herz der ...
81	Anneliese Keilhauer:	Das Buddhabildnis
82	Anneliese Keilhauer:	Die Hauptunterschiede Hinayana – Mahayana
83	Philip Kapleau:	Der Ochse und sein Hirt
84	Anneliese Keilhauer:	Das Mandala
85	Alfons Rosenberg:	Das Mandala als Einheitssymbol*

2. Christus: Heil der Welt

2.1 Der Mann der alle Schranken sprengt - Jesus der Christus

86	Ernst Eggimann:	Jesus-Text
87	Kurt Marti:	aufruf
88	Wilhelm Willms:	du hast alles auf den Kopf gestellt
89	Hans Conzelmann:	Die äußere und die innere Chronologie Jesu
90	Schalom Ben Chorin:	Pharisäer und Sadduzäer
91	Schalom Ben Chorin:	Essener und Zeloten*
92	Oscar Cullmann:	Worin besteht das christologische Problem im Neuen Testament
93	Eduard Schweizer:	Der Mann, der alle Schemen sprengt*
94	David Flusser:	Der Sohn
95	Schalom Ben Chorin:	Jesus - der ewige Bruder
96	Peter Handke:	Lebensbeschreibung
97	Martin Hengel:	War Jesus Revolutionär?
98	Jesaja Kap. 53:	Der leidende Gottesknecht
99	Hans Walter Wolff:	Jesaja 53 im Urchristentum
100	Günther Bornkamm:	Die Botschaft Jesu und Pauli – Gemeinsamkeiten und Unterschiede*

2.2 Die Gerechtigkeit des Reiches Gottes – Aspekte zur Bergpredigt

101	Heinrich Spaemann:	Christen tun so etwas von selbst*
102	Joachim Jeremias:	Die Bergpredigt Jesu (Lit. Aufbau)*

Die mit einem Sternchen (*) gekennzeichneten Textüberschriften sind Titel,
die für den Gebrauch des Buches neu formuliert sind.

4.2   Verzeichnis aller Bilder des Schülerbandes

4.2.1   Verzeichnis aller Graphiken, Bilder, Zeichnungen, Plastiken

S. 196 Heinz Seeber: Jakob im Gebet
S. 198 Matthias Grünewald: Große Kreuzigungstafel (Isenheim)
S. 203 Gerhard Altenbourg: Kreuzigung
S. 205 Oskar Kokoschka: Auferstehung
S. 206 Ernst Barlach: Anno Domini MCMXVI
S. 214   Russische Ikone (Christus im Hades)
S. 218   Bernwardtür (Die Frauen am Grabe)
S. 223 Winfried Wolk: Die Gewißheit der Zukunft
S. 228 Walter Habdank: In Erwartung
S. 237 Albrecht Dürer: Das neue Jerusalem
S. 241 Paul Klee: Man verläßt die diesseitige Gegend
S. 250 Englischer Psalter: Christus/Symbole der Evangelisten
S. 251 Nora Ehrlich: Biblisches Roulette
S. 255 Max Beckmann: Selbstbildnis
S. 259 Walter Habdank: Deuter
S. 264 Auguste Rodin: Die Kathedrale
S. 270 Michael Wohlgemut: Auszug aus der Kirche
S. 275 Emil Nolde: Pfingsten
S. 278 Ernst Barlach: Die Dome
S. 284 Otto Dix: Abendmahl
S. 286 Wassily Kandinsky: Abendmahl
S. 289   Martin Luther auf der Kanzel
S. 295 Astrid Feuser: Die Säuberung des Tempels
S. 298 Azaria Mbatha: Kreuzigung
S. 315 Walter Habdank: Tretmühle
S. 316 Käthe Kollwitz: Erwerbslos
S. 365 Erwin Bohatsch: Der Schattenfänger
S. 367 Rembrandt van Rijn: Alter Mann
S. 368 Thomas Zacharias: Adam, wo bist du?
S. 383 HAP Grieshaber: Verlorener Sohn
S. 387 Rudolf Hausner: Adam nach dem Sündenfall
S. 389 Thomas Zacharias: Petrus im Gefängnis
S. 393 Kurt Halbritter: Laokoon
S. 394 Heinrich Nauen: Der barmherzige Samariter
S. 397 Karl Hemmeter: Altarkreuz der Gustav-Werner-Kirche
S. 402-403 Peter Opitz: Der verlorene Sohn hinter Stachel-
                                         draht
S. 411 St. Sebald (Nürnberg):   Jüngstes Gericht
S. 413 Kathedrale v. Chartres: Adam

4.3 Verzeichnis unterrichtsrelevanter Begriffe zu den Bildern

4.4 Verzeichnis "Deskriptiver Materialien" (Teil A Ringkomposition, Lehrerbuch S. 16)

Daß sich im Schülerbuch "Einsichten gewinnen" wesentlich mehr fachwissenschaftliche Texte vorfinden als assoziativ-deskriptive verwertbare Materialien, versteht sich aus der grundsätzlichen Materiallage.[1] Der relativ leichte Zugang zu deskriptiven Texten (Zeitungen/Magazine/Videos/Beschreibung von Alltagsgeschehen durch Schüler/etc.) sowie deren Kurzlebigkeit ließen es geraten erscheinen, hier keine inhaltliche Prioritäten zu setzen. Folgende Texte[2] bieten sich besonders an, um thematisch-problemorientierte Zugriffe zu Fachgebieten zu erarbeiten (siehe 1.3.1/Teil A, S.8ff) die Ziffern beziehen sich auf die Textnummern, nicht auf die Seitenzahlen.

001	Kurt Marti	Allmacht
011	Pinchas Lapide	Gott ist weder Mann noch Frau
012	Christa Mulack	Ist Gott eine Frau?
016	Rudolf Bultmann	Welchen Sinn hat es, von Gott ...
021	Gottfried Benn	Niemand ist ohne Gott
022	Paul Tillich	Was ist Religion?
023	Heinrich Albertz	Glauben als Erfahrung
024	Martin Buber	Die fünfzigste Pforte
030	Helmut Gollwitzer	Womit bekommt man es zu tun ...
031	Lothar Zenetti	Warum nur?
032	Wolfgang Borchert	Draußen vor der Tür
034	Roman Brandstaetter	J. Rakower rechtet mit Gott
039	Carl Amery	Wort des Abwesenden Gottes
043	Heinrich Heine	Anfrage
054	Rudolf Bohren	o große not I/II
065	Mahatma Gandhi	Die Methode des gewaltlosen Widerstandes
086	Ernst Eggimann	Jesus-Text
087	Kurt Marti	aufruf
088	Wilhelm Willms	du hast alles auf den Kopf ...
096	Peter Handke	Lebensbeschreibung
097	Martin Hengel	War Jesus Revolutionär?
101	Heinrich Spaemann	Christen tun so etwas von ...

1) Daß sich Bilder in besonderer Weise zur Problemdeskription eignen, sei hier nochmals betont.
2) Alle diese Texte können auch unter anderen Fragestellungen bearbeitet werden, z.B. im Bereich des Teils C.

4.5 Verzeichnis literarischer Texte

Die vor den Autoren befindlichen Ziffern beziehen sich auf die Textnummern (nicht auf die Seitenzählung!) (L = Lyrik)

4.6 Alphabetisches Verzeichnis aller Autoren des Schülerbandes

Die Ziffern hinter den Namen geben die Fundstelle der Texte der jeweiligen Autoren an; die unterstrichenen Ziffern weisen die in den Texten erwähnten Personen nach.

4.7 Alphabetisches Verzeichnis aller Künstler des Schülerbandes
(Ziffern = Seitenzahlen)

4.8 Verzeichnis aller biblischen Texte
(Else Schmidt)

Es ist angegeben, auf welchen Seiten des Schülerbandes die biblischen Texte behandelt werden.

		Seite
Gen	1,1	167
"	1,27	32/381/413/421
"	2,24	421
"	3,21	415
"	4,1-16	13
"	8,9	433
"	18,1	415
"	18,23	178
"	18,25	188
"	20,5	15
"	22,2	165
"	24	167
"	31,19ff.	22
"	32	196
"	33	292
EX	3,13	20
"	3,14	17/20
"	4,22	160
"	13,17ff.	258
"	20	416
"	20,2	22
"	20,3	22/35/181
"	20,4	18/22/521
"	21,23ff.	179
"	22,29	418
"	32	414
"	33,11	18
"	33,13	20
"	33,18	18
"	33,10	2
"	33,23ff.	20
"	34,6	20

		Seite
EX	34,28	416
Lev	17,11	267
"	19,16	419
"	19,18	415/417
"	19,32	418
"	19,34	418
"	20,10	422
Dtn	4,1	177
"	4,13	416
"	5,6-21	416
"	5,14-15	416
"	6,4-6	52/53
"	6,17	177
"	10,4	418
"	11,13-21	52/53
"	16,20	177
"	18,15	165
"	20,19	419
"	22,6-7	418
"	23,14	419
"	24,1	423
1. Sam	17,4	183
2. Sam	7,13f.	159
1. Kön	19,16	157
2. Chron	20,15-18	293
Ps	6,5	161
"	15	177
"	23	46
"	24	177
"	48,15	152
"	49,16	152
"	104	191/437

Als Ergänzung zum Schülerbuch:

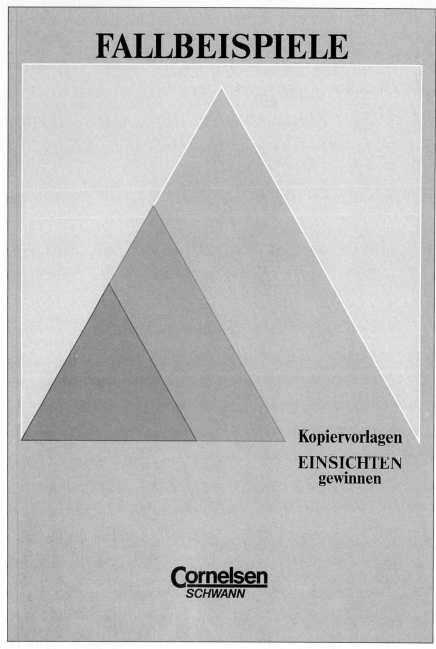

FALLBEISPIELE

Kopiervorlagen

EINSICHTEN
gewinnen

Cornelsen
SCHWANN

Best.-Nr. 122803